어른이 되어서도
장난감을 놓지 못하는
무의식적 이유

어른이 되어서도 장난감을 놓지 못하는 무의식적 이유

초판 1쇄 발행 2016년 8월 12일

지은이 박규상
펴낸이 이지은
펴낸곳 팜파스
기획편집 김소현
디자인 지선 디자인연구소
마케팅 정우룡 김은지
인쇄 (주)미광원색사

출판등록 2002년 12월 30일 제10-2536호
주소 서울시 마포구 어울마당로5길 18 팜파스빌딩 2층
대표전화 02-335-3681
팩스 02-335-3743
홈페이지 www.pampasbook.com | blog.naver.com/pampasbook
이메일 pampas@pampasbook.com

값 14,000원
ISBN 979-11-7026-106-3 (03100)

어른이 되어서도 장난감을 놓지 못하는 무의식적 이유

박규상
지음

팜파스

어른이라지만, 자신도 모르게 장난감에 끌리고 있다면

　　어린 시절, 사실 무던히도 그 친구가 부러웠어. 갖고 싶었던 장난감을, 그 친구 녀석은 놀러만 가면 의기양양한 얼굴을 하고는 자랑하듯이 보여주곤 했으니까.

　　"어때. 굉장하지? 이거 이렇게 하면 요렇게 되는 거야."

　　다른 친구들은 '어디, 어디?!' 하면서 주인님의 배려를 기다리는 애처로운 눈빛을 보내곤 했는데, 그럴 때마다 속으로 되뇌었어.

　　'그깟 장난감 하나 가지고서 뭘. 세상에는 놀 게 얼마나 많은데.'

　　하지만 놀이 도구였던 장난감을 즐길 수 있는 시간도 그리 길지는 않았지. 우리는 공부를 해야 했고, 연애를 해야 했고, 취업을 해야 했고, 현실을 살아가야 했으니까. 장난감이 주던 그 비현실적이던 상상의 세계에서 벗어나지 않으면 언제나 꿈속을 헤매는 철없는 어른으로밖에 살 수 없었으니까. 그게 너무 억울해서 몰래 몇 개의 장난감은 서랍 깊숙이 숨겨놓긴 했지만 그 녀석도 어느샌가 나와는 상관없는 존재가 되고 말았고 말이야.

그런데 그렇게 정신없이 현실의 목표들을 쫓으며 살던 생활의 쳇바퀴에 힘겨워할 무렵, 불쑥 장난감이 눈앞에 찾아온 거야. TV 예능프로그램의 무대 장식으로 서 있는 곰돌이 장난감이, 카페에 인테리어 소품으로 갖은 폼을 잡고 있던 히어로 피규어가, 홍대 앞 가판점에서 귀여운 얼굴을 하고 있는 미니블럭들이, 우연히 들른 아웃도어 매장의 레고 작품이, 명절에 조카가 들고 온 보드 게임이, 뉴스 시간에 트렌드라며 소개되는 드론의 모습으로 말이야. 처음에는 거부했지.

"에이, 유치하게 내가 애들인가 뭐."

그런데 손에 든 스마트폰으로 애니메이션을 보고, 장르 소설을 읽고, 슈퍼히어로의 작은 캐릭터 상품에 손을 대다가, 그리고 어느 날 우연히 어린 시절 향수를 자극하는 귀여운 장난감이 도란도란 모여 있는 장난감 박물관에 들렸다가 깨닫고 말았지. 내 안에 있는 장난감 욕망은 사라지지 않고 있었다는걸.

키덜트니 오덕후니 능력자니 하는, 어른이 되어서도 장난감에 빠져 살면서 평범하지 않은 독특하고 새로운 매력을 발산하는 사람들이 주목을 받고, 이런 점이 차별화된 정체성인 개성을 표현한다는데, 뭐 그런 건 아무래도 상관없어. 의도적으로 자신의 개성을 장난감에서 찾으려고 했던 건 아니니까.

하지만 계속 마음에 걸리는 건 있었어. 장난감에 대한 욕망은 왜 사라지지 않고 있는 걸까? 어린 시절 충분히 충족되지 않아서 그런 걸까? 아니면 어른이 되고 나서 장난감에서 다른 욕망을 발견한 걸까? 그냥 무시하고 지나쳐도 세상 살아가는데 아무런 지장이 없는 이런 쓰잘머리 없는 호기심이 머리를 떠나지 않던 어느 날, 문득 이런 생각이 들었어.

"장난감의 욕망은 우리 마음에서 떠난 적이 없었던 것은 아닐까?"

그러고 보니 인간의 뇌도 합리성과 이성을 관장하는 대뇌피질이 멋지게 포장을 하고 있지만 그 깊숙한 곳에는 기본적인 생존과 번식에 대한 본능과 욕망을 담당하는 원시적인 파충류의 뇌가 있다고 하잖아. 진화는 과거의 모든 것을 버리고 새것만을 선택하는 게 아니라, 과거의 것을 그 안에 두고 앞으로 나아가는 거라고.

그러니 어린 시절의 장난감 욕망은 우리 안에서 진화를 해온 것이 틀림없어. 지금은 술로, 커피로, 노래로, 운동으로, 춤으로, 대화로, 여행으로, 맛난 음식으로 살짝 얼굴을 바꾼 욕망의 시작은 아마 장난감의 욕망이었을 거야. 그게 뭐냐고? 즐거움의 욕망, 짜릿함의 욕망, 그리고 뭐든지 할 수 있다는 전능감全能感의 욕망이지.

이 장난감 욕망은 우리가 어른이 되어 현실을 살아가는 시간 동안, 묵묵히 의식의 한참 밑에 있는 영역에서 장난감에 다시 손을 대는 우리의 모습을 기다리면서 있었어. 심리학에서는 그 영역을 무의식이라고 부르나 봐. 무의식이라는 정글에서 두 눈을 반짝이며 숨죽이고 있는 장난감 욕망!

그런데 이놈은 언제부터 나의 무의식에 자리한 걸까? 내가 처음 장난감을 손에 넣었을 때부터일까? 그럼 사람마다 장난감 욕망은 다른 걸까?

아니면 선조 대대로 DNA에 박혀 있다가 정자와 난자가 수정되는 순간에 발현되는 식으로 모든 사람의 무의식에 존재하는 걸까?

이 책은 이런 물음에 답을 하고픈 마음에서 시작되었어. 장난감 욕망의 무의식 정글을 모험하는 데에는 심리학의 도움이 컸어. 물론 현대의 심리학이 마트에서 팔리는 대중용품이 되었다는 비난도 있지만 말이야. 하지만 심리학책을 들고 무턱대고 무의식의 문을 열고 컴컴한 정글을 탐험할 수 없겠지? 그래서 신화라는 내비게이션이 필요했어.

세상 모든 스토리에는 인간의 욕망과 무의식이 담겨져 있지만, 신화처럼 상징적으로 잘 말해주고 있는 것은 없지. 그리고 어린 시절부터 판타지를 꿈꿔오던 우리들이 잘 알고 있는 것이기도 해서 친근하기도 하니까.

장난감과 신화는 우리가 어린 시절 가장 좋아했던 두 가지였어. 둘 다 판타지의 세계로 우리를 데려다 주었고, 그 안에서 많은 것을 꿈꾸었지. 그런데 지금은 꿈이 없어졌다고? 그냥 흘러가는 시간을 살고 있을 뿐이라고? 장난감도 신화도 자신과는 상관없는 거라고?

아니야, 그렇지 않아. 장난감에 왠지 모르게 마음이 움직이고 있다면, 그리고 신화를 읽고 싶다는 생각이 들었다면, 아직은 꿈이 있는 거야. 장난감 욕망이 잠시 마음속 우선순위의 자리를 내주었듯이, 꿈도 잠시 숨을 고르고 있을 뿐이야.

그러니 다들 즐거움에, 짜릿함에, 전능감에 마음과 몸을 맡기고 행복한 꿈을 꾸던 내 안의 장난감 욕망을 다시 끄집어내자고. 자, 이제 그 모험을 함께 떠나가 볼까.

Contents

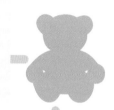

Part 03
이름을 부르자 존재가 되었다
: 소꿉장난과 피규어

Part 05
가장 火끈한 장난감
: 성냥, 라이터 그리고 훔치기

PART 01

내 안에 있는 모성을 찾아서
: 베어브릭

곰, 넌 왜 이렇게 귀여운 거니?

. . . .

동대문디지털플라자DDP를 둘러보고 지하철로 이어지는 지하통로를 지나가고 있었습니다. 통로 양옆에는 음식점이나 디자인 소품을 파는 점포들이 있었죠. 밥은 이미 먹어 배는 부르겠다, 디자인 눈요기는 충분히 했던 터라 점포들의 디스플레이를 눈으로만 훑고 지나갔습니다. 그런데 어느 순간 저도 모르게 발걸음이 멈춰졌습니다. 디자인 캐릭터 숍의 쇼윈도에 진열된 곰돌이. 바로 문제의 그놈이 눈에 들어온 겁니다.

"아빠, 그렇게 사고 싶으면 사. 왠지 불쌍해 보여."

딸이 쇼윈도를 떠나지 못하고 안절부절못하는 아빠에게 말합니다. 그래도 아빠는 선뜻 유리문을 열고 들어서지 못합니다. 가격표에 적힌 숫자들이 머릿속으로 복잡한 셈법을 하게 만들었으니까요. 그런 아빠를 보다 못해 딸이 물었습니다.

"내가 저금한 거 있으니 선물로 사줄까?"

딸의 저금통장을 깨서 자신의 욕망을 채우려는 한심한 아비가 되기는 싫었지만, 그 말에 환한 웃음을 지으면서 유리문을 밀며 들어갔습니다. 평소 가족들에게 짠돌이라 불리는 사람이 딸의 도움으로 10만 원이라는 거금을 주고, 양손에 팔뚝만 한 곰 두 마리를 들고는 싱글벙글하면서 집

베어브릭은 배트맨, 스파이더맨 등의 영화
나 애니메이션 캐릭터뿐만 아니라 안나수
이와 같은 화장품 브랜드와의 컬래버레이
션을 통해 다양한 매력을 가진 곰들을 선보
인다.

으로 오는 내내 즐거워했다고, 딸이 엄마에게 일러바치듯 말했습니다. 이런 경우 흔히들 뭐가 씌었다고들 하는데, 딱 '지름신'에 빙의되었던 모양입니다. 한여름, 여우에 홀린 게 아니라 곰에 홀린 셈이었죠. 한 남자를 바보로 만들어버린 이 곰은 어떤 놈이었을까요?

'베어브릭'이라는 장난 아닌 장난감이 인기몰이 중입니다. 곰을 뜻하는 베어bear와 벽돌을 뜻하는 브릭brick을 조합한 장난감. 그런데 이게 더이상 단순한 장난감이 아닙니다. 장난 아니게 비싼 가격 때문이기도 하고, 이미 장난감의 경지를 넘어서 수집품의 대상이 되었기 때문이죠.

가장 작은 3.5cm짜리 플라스틱 곰돌이도 5천 원이 넘고, 가장 인기 있다는 78cm짜리 곰돌이는 무려 60만 원이 훌쩍 넘는 가격을 자랑합니다. 게다가 이 곰돌이는 시리즈로 출시되는데 각 시리즈마다 아주 드물게 나오는 레어템이 숨어 있어서, 이를 노리는 수집가들 사이에서는 부르는 게 값일 정도의 높은 가격이 형성됩니다.

이렇게 태생부터 '한두 개 사서 즐기세요!'를 목적으로 하는 것이 아니라 '시리즈가 많으니 열심히 모아주세요'를 목적으로 만들어진 장난감이니 한 번 수집의 매력에 빠져 모으기 시작하면 되돌리기 힘든, 그야말로 개미지옥과 같은 장난감입니다. 이 때문에 베어브릭 수집가들은 스스로 '베어브릭 개미지옥'이라는 자조 섞인 표현을 하기도 하죠.

그럼 이쯤에서 자연스레 이런 의문이 듭니다. '짠돌이라 불리는 아빠는 어떻게 팔뚝만 한 놈을, 그것도 두 개씩이나, 동대문디자인플라자에서 10만 원이라는 가격으로 살 수 있었을까' 하는 의문 말이죠.

눈물겨운 이야기지만 아빠가 산 곰돌이는 정품 베어브릭이 아닌 거죠. 베어브릭 정품은 일본 메디콤 토이Medicom Toy사의 제품으로 Be@rbrick이란 멋들어진 브랜드를 가진 놈입니다. 인기가 있으니 당연히 짝퉁도 있겠죠. 아빠가 산 것은 바로 이 짝퉁 베어브릭입니다. 만일 같은 크기의 베이브릭 정품을 샀다면 딸의 통장을 통째로 털어놓아도 모자랐을 겁니다. 그래서 아빠는 할 수 없이 가격에 감동을 맞출 수밖에 없었답니다. 수집 욕망을 지닌 슬픈 이 시대 남성의 전형적인 모습이랄까요? 그런데 며칠이 지나 TV 옆에 놓여 있는 두 녀석들을 보다 문득 이런 생각이 들었습니다.

'왜 하필 곰인형일까? 곰은 원래 작은 캐릭터도 아니잖아. 게다가 귀여운 동물 캐릭터라 하면 토끼나 고양이나 강아지나 뭐 이런 거 많잖아. 아아, 곰이란 놈은 두 발로 설 수 있으니 의인화하기 좋아서 그런 거라고? 괜찮은 답인 거 같지만, 절대 아닐 거 같은데. 어차피 의인화시키는 거라면 굳이 두 발, 네 발로 구별할 필요가 없지. 이상한 나라의 앨리스에 나오는 토끼가 네 발로 뛰어다녔나. 뭐. 그리고 인간형을 추구했다면 곰보다 몸집이 작은 원숭이로 해야 하는 거 아니었을까?'

역시 최고의 곰돌이는 테디베어!

그러고 보니 우리의 일상에 자리한 곰돌이가 한둘이 아닙니다. 그 중 장난감 분야의 대표 주자는 뭐니 뭐니 해도 테디베어 Teddy Bear 입니다. 세계적인 유명웅(有名熊)이다 보니 세계 곳곳에 테디베어를 테마로 한 박물관이 셀 수 없이 많이 존재합니다. 국내에도 제주, 속초, 경주, 담양

곰 모양의 젤리인 구미베어(Gummy Bear)도 우리에게 친숙한 곰돌이다.
원래부터 요놈은 달콤한 녀석이니 역시 친숙할 수밖에 없는 걸까?

을 비롯해 여기저기 많이 있습니다. 제주에는 심지어 테디베어 호텔까지 등장했다고 하네요. 또한, 테디베어를 전문으로 취급하는 가게는 온 오프라인을 망라하고 정말 셀 수 없을 정도로 많을 뿐 아니라, 직접 테디베어를 만드는 방법도 가르쳐줍니다. 또 많은 중고등학교에서는 방과 후 활동으로 '테디베어 만들기'를 하기도 합니다.

　이렇게 인기폭발인 테디베어는 알고 보면 재미있는 탄생 신화, 아니 에피소드를 지니고 있답니다. 때는 1902년, 당시 미국 대통령인 시어도어 루스벨트Theodore Roosevelt는 미시시피로 곰 사냥을 떠났습니다. 그때 사냥꾼인 홀트 콜리어Holt Collier는 곰을 쫓는 팀의 팀장이었습니다. 콜리

어는 대통령과 사냥을 하기로 한 장소로 약속대로 곰을 몰고 갔습니다. 그런데 막상 열심히 곰을 몰아 약속 장소에 가보니 정작 대통령은 자리에 없었습니다. 때마침 점심을 먹으러 갔기 때문이죠.

콜리어는 난감할 수밖에 없었습니다. 이 사냥은 대통령을 위한 것인데 정작 대통령은 자리에 없고, 그렇다고 곰을 그대로 도망가게 놔둘 수는 없었기 때문이죠. 그래서 생각 끝에 대통령이 직접 곰을 죽일 수 있도록, 일단 자신이 곰을 잡아서 죽이지 않고 나무에 묶어두기로 했습니다. 잠시 후 식사를 마치고 돌아온 대통령은 콜리어가 자신을 생각해준 것이 고맙기는 했지만, 왠지 아무런 저항도 못하는 곰을 죽이는 게 마음이 내키지 않았습니다. 그래서 결국은 콜리어가 애써 잡은 곰을 그냥 풀어주고 맙니다.

이 에피소드가 알려지자 당시 많은 언론매체들이 관심을 가지게 되었습니다. 대통령이 곰을 생각하는 마음노 그렇고, 사냥에 대한 철학도 대중에게 좋은 기삿거리가 된다고 판단한 것이겠죠. 그리고 그해 11월 워싱턴 포스트지는 루스벨트 대통령과 나무에 묶인 곰을 주인공으로 하는 연재만화를 시작하게 됩니다. 이 만화의 주인공인 곰은 귀엽고 작은 새끼 곰으로 그려졌고, 그 후 이 곰 캐릭터를 닮은 여러 가지 봉제 곰인형이 만

∙ ∙ ∙
함께 사냥을 한 루스벨트 대통령과
콜리어

1902년 워싱턴 포스트에 실린 클리포드 베리먼의 삽화.
삽화에 표현된 곰이 숲의 맹수라는 느낌이 아니라 불쌍
한 미키마우스처럼 보이는 건 왜일까?

들어지게 됩니다. 그리고 사람들은 루스벨트 대통령의 애칭인 '테디'를
따서 곰인형을 테디베어라 부르게 되었죠.

이름에 미국 대통령의 애칭이 붙을 정도니 단순한 장난감 인형 신분
에 이런 호사가 없었겠죠. 어떤 사람들은 대통령이 목숨을 구해준 동물
이 곰이라서 그 에피소드 덕에 곰인형이 유명 장난감 캐릭터가 되었다
고 주장하기도 하는데, 그럼 왜 오바마 대통령이 2013년 추수감사절에
목숨을 구해준 칠면조 '팝콘'과 '캐러멜'은 인형조차 되지 못했는지를 되
묻고 싶어집니다.

또 다른 세계적 유명웅으로는 〈곰돌이 푸〉의 '푸'가 있네요. 아랫도리
를 드러낸 채 꿀통을 들고 다니는 19금의 귀여운 아기 곰입니다. 의류
브랜드 '티니위니'의 주인공도 유명한 곰 캐릭터입니다. 아 참, 매일 콜
라만 연신 마셔대는 북극곰도 있네요. 코카콜라가 내세우는 광고 캐릭
터이죠. 팬더로는 쿵푸를 하는 녀석도 인기 캐릭터입니다.

곰돌이 푸의 원작자 A. A. 밀른(Milne)
의 아들 크리스토퍼 로빈 밀른이 가지
고 있던 인형. 왼쪽 아래부터 시계 방향
으로 티거, 캥거, 푸, 이요르, 피글렛. 밀
른은 아들의 인형을 가지고 원작 동화
를 구상했다고 전해진다.

국내에서 인기를 얻은 북극곰도 있죠. 〈뽀로로〉에 등장한 백곰 친구 '포비'입니다. 포비는 지금 세계로 유명세를 넓히는 중입니다. 여기에 추억 여행을 떠나게 해주는 음료 캐릭터인 팬돌이도 있습니다. 그리고 보니 컴퓨터에서 동영상을 볼 때 자주 사용되는 곰플레이어도 곰 발바닥 모양의 아이콘이네요, 캐릭터는 아니지만.

이렇게 찾아보니 귀여운 곰이 우리 주변에 참 많이 있네요. 그래서 베어브릭도 '이런 친근성을 무기로 하고 있는 건 아닐까' 하는 생각이 듭니다. 하지만 앞서 말했듯이 친근한 동물로 치자면 개나 고양이가 최고죠.

아기 곰 캐릭터라서 그런 거라고요? 네, 그럴지도 모르죠. 조류는 조금 징그럽지만, 포유류의 아기는 대부분이 귀엽습니다. 사자나 호랑이도, 하마나 돼지도 아기였을 때는 귀엽습니다. 그러니 특별히 다 자란 곰이 아니라 아기 곰이기 때문에 우리에게 친숙하게 다가온 것이라 말할 순 없겠죠. 강아지나 새끼 고양이도 있을 텐데 말이죠. 게다가 베어브릭은 아기 곰의 이미지보다는 그냥 곰의 이미지만을 빌려온 것이니까요.

자, 그럼 다른 동물에는 없는 곰만이 지닌 뭔가 신비한 마력, 이것이 궁금해지지 않나요? 그 마력의 비밀을 밝혀보기 위해 신화의 세계로 가보기로 합시다.

호랑이, 너도 신화적 희생양이야

. . . .

"야, 그게 말이 되는 소리니! 내가 너 따위를 이겼다고 해서 아무도 대단하다고 생각하지 않을 텐데 왜 내가 힘을 빼야 하니!"

이솝이야기에서 토끼는 그때 이렇게 말해야 했습니다. 말도 안 되는 게임을 하자고 제안하는 거북이에게 말이죠. 자신이 거북이를 이긴다고 해서 아무런 자랑거리가 안 되니 괜한 에너지 낭비를 할 필요가 없었을 겁니다. 하지만 토끼는 무슨 정신이었는지, 아무 소득도 없을 경주 제안을 받아들이는 바람에 뒹굴뒹굴하며 농땡이만 부리는, 게다가 자만에 빠져 실패의 나락으로 떨어지는 대명사의 신세가 되어버렸습니다. 토끼 입장에서는 참으로 개탄할 일이었죠. 그러니 토끼와 거북의 우화는 근면 성실의 교훈이 아니라, '처음부터 말이 되지 않는 게임에 선뜻 참가하지 말라'거나 '상대가 너무 쉽게 예측 가능한 승부를 걸어온다면 의심해 봐라'라는 교훈을 주는 것이라고 고쳐서 생각해야 옳지 않나 싶습니다.

신화 속 이야기를 떠올려보면 거북이와의 경주에서 진 토끼와 같이 불쌍한 캐릭터가 있습니다. 바로 호랑이입니다. 호랑이도 결코 이길 수 없는 게임에 참여하는 바람에 참을성 없고 성질머리 고약한 놈으로 낙인이 찍히고 말았으니까요. 이 불쌍한 호랑이는 대한민국 국민이라면

스페인의 궁정화가였
던 디에고 벨라스케스
(Diego Velázquez)가
1639~1641년경에 그린
이솝 초상화. 이솝은 노예
로 일하다가 델포이 아폴
론 신전 사제들의 탐욕을
고발한 까닭에 살해되었
다고 한다.(프라도 미술관
소장)

모두가 알고 있는 단군신화에 등장합니다. 아는 이야기라고 그냥 훌훌 대강 읽지 말고, 한 자 한 자 좀 찬찬히 음미하며 읽어봅시다.

이때 호랑이 한 마리와 곰 한 마리가 같은 굴속에서 살고 있었는데 그들은 항상 신웅(神雄), 즉 환웅에게 빌어 사람이 되기를 원했다. 이때 신웅이 신령스러운 쑥 한 줌과 마늘 20개를 주면서 말하기를 '너희들이 이것을 먹고 백일 동안 햇빛을 보지 않으면 곧 사람이 될 것이다'라고 했다.

이에 곰과 호랑이가 이것을 받아서 먹고 삼칠일(21일) 동안 조심했더니 곰은 여자의 몸으로 변했으나 호랑이는 금기를 지키지 못해서 사람의 몸으로 변하지 못했다. 웅녀(熊女)는 혼인해서 같이 살 사람이 없으므로 날마다 단수(壇樹) 밑에서 아기 배기를 축원했다. 환웅이 잠시 거짓으로 변하여 그와 혼인했더니 이내 잉태해서 아들을 낳았다. 바로 그 아기의 이름을 단군 왕검(檀君王儉)이라 한 것이다.

『삼국유사』 일연 저, 이민수 역, 을유문화사, 2013년, 24쪽)

단군신화의 주인공은 어디까지나 단군왕검입니다. 그런데도 웅녀가 지닌 신화적 요소의 임팩트, 즉 변신력 때문에 우리는 전체 단군신화의 내용에서 다른 무엇보다 웅녀를 더 잘 기억합니다. 그리고 웅녀와 비교되는 실패자로 호랑이도 잘 기억하고 있습니다. 그런데 이 이야기를 찬찬히 음미해보면 사실 이상한 부분이 모습을 드러냅니다.

우선 곰과 호랑이는 사람이 되고 싶다고 환웅에게 간청합니다. 그런데 환웅이 준 것은 쑥과 마늘입니다. 이것만 먹고 100일간 동굴에서 나오지 말고 살라네요. 즉, 환웅이 제시한 변신의 조건 첫 번째는 쑥과 마늘만을 먹으라는 것이었는데, 이는 초식동물이나 먹을 만한 것들이었고, 두 번째는 100일이라는 오랜 시간을 동굴에서 지내야 하는 시간제한입니다. 자, 그럼 이 두 가지 조건이 곰과 범에게 모두 공정한 조건이었을까요?

공정한 게임이 아니었다니!

· · · ·

우선 첫 번째 먹을거리를 따져보죠. 곰은 원래 잡식동물입니다. 물고기, 열매, 곡물 등은 물론 곤충과 번데기, 종류에 따라 큰 초식동물이나 물개 등을 잡아먹는 무시무시한 숲의 지배자이기도 하죠. 애니메이션 캐릭터인 곰돌이 푸우는 벌꿀을 즐겨 퍼먹으니 곰의 먹거리 스펙트럼은 정말 넓고도 풍부합니다.

이에 비해 호랑이는 어떤가요. 전형적인 육식동물입니다. '호랑이는 굶어 죽어도 풀은 뜯지 않는다'는 말이 지조 있고 고집 센 성격을 표현하지만, 이건 빈말이 아닙니다. 간혹 호랑이도 속이 안 좋아서 스스로 음식을 게워내고자 할 때는 풀을 먹는다고 하는데, 풀은 어차피 소화가 안 되니 이걸 이용하는 것일 뿐입니다. 그러니 쑥과 마늘로 버틴다는 건 애당초 육식인 호랑이에게는 무모한 도전이며, 잡식인 곰이라면 마음먹기에 따라 충분히 가능한 조건인 셈입니다. 냄새만 조금 참으면 말이죠.

두 번째, 동굴에서 햇빛을 보지 않고 100일을 지내는 조건은 어떤가요? 북극곰을 제외하면 지구상 거의 모든 곰은 숲에서 생활합니다. 그리고 불곰, 반달가슴곰, 회색곰 등 겨울이 있는 지역에 사는 곰은 동굴이나 얕은 구멍 등에서 겨울잠을 자죠. 우리나라에 서식하는 곰들도 예외

현대의 곰들은 굳이 동굴이 아니더라도 이렇게
편안한 자세로 동면을 취하기도 한다는?(www.
pixabay.com/Photograph by Peggy_Marco)

는 아니어서, 보통 겨울잠은 양력 11월 7일이나 8일에 해당하는 입동立冬에 시작해서 다음 해 3월 하순경에 끝이 납니다. 다시 말해 곰들은 거의 4개월 이상의 특별한 겨울나기를 하는 셈인데, 이 기간 동안은 에너지를 절약하기 위해 거의 움직이지 않습니다.

그럼 호랑이는? 호랑이는 그냥 육식동물로 사계절을 지냅니다. 겨울잠을 자는 재주가 없죠. 해 뜨면 움직이고 해 지면 자는 동물입니다. 그러니 곰에게 적은 먹이로 에너지를 최대한 소비하지 않으면서 100일 정도 햇빛을 보지 않고 지내게 하는 것은 특급 셰프에게 라면 끓이라는 말과 같습니다. 맘만 먹으면 간단히 할 수 있는 미션이라는 것입니다. 이에 반해 이같은 조건은 호랑이에게는 불을 피우지 말고 라면을 끓이라는 셈입니다.

"음, 너네 한번 이 풀떼기만 조금씩 먹고 동굴에서 100일 동안 지내봐."

현대식으로 생각하면, 환웅의 이 조건을 들은 곰은 아마 이렇게 생각했을 것입니다.

'어머 환웅님은 정말 친절한 분이셔. 이건 누워서 떡 먹기지, 뭐.'

반면에 호랑이는 이렇게 생각했을 게 틀림없습니다.

'아, 환웅님이 날 버리셨구나. 이건 누가 봐도 편파적인 거 아닌가.'

그래서일까요? 호랑이는 100일이 아닌 21일도 버티지 못하고 동굴을 나가고 맙니다. 아마도 며칠 동굴에서 지내는 동안 환웅의 조건이 말도 안 된다는 생각에 분통이 터져 뛰쳐나갔을 확률이 높습니다. 그런데 재미있는 사실은 곰이 인간으로 변신한 건 100일이 지나고 나서가 아니라는 점입니다. 곰은 21일이 지나고, 그러니까 22일 이후에 이미 인간이 되어 있었습니다. 처음엔 100일은 있어야 한다고 해놓고 79일이나 단축하는 혜택이 주어진 셈이네요. 이걸 미리 알았으면 호랑이는 이렇게 땅을 치며 환웅님을 원망했을 겁니다.

"이럴 거면 처음부터 21일이라고 말해주지. 그럼 한 번 버텨보기나 했을 거 아냐!"

물론 삼칠일을 100일로 해석할 것인가는 아직 전문가들 사이에서도 결정이 나지 않았지만, 전통적으로 아이가 태어나서 21일까지는 금줄을 쳐서 가족이나 이웃주민의 출입을 삼가기도 했고, 불교에서도 사람이 죽고 21일을 특별한 기간으로 여기고 있는 점을 고려하면 21일을 일종의 '정성을 다해 무언가를 지켜내는 기간'으로 생각하는 것이 더 자연스럽지 않을까요?

신과 인간의 중간자적 존재로서의 웅녀

. . . .

환웅이 제시한 인간이 되는 조건과 이걸 통과해야 하는 게임은 처음부터 호랑이에겐 '필패'를, 곰에게는 '필승'을 보장해주는 것이었죠. 그렇다면 환웅은 처음부터 편파적으로 곰에게만 유리한 쪽의 조건을 제시한 셈일까요? 네. 맞습니다. 정확히.

세상의 모든 이치를 알고 있을 환웅이 이 조건의 불공정함을 모르고 있었을 리가 없습니다. 그렇다면 하늘에서 내려온 신이 아니죠. 그러니 일반 관중의 입장에서 보자면 환웅은 곰과 호랑이가 경쟁을 하는 이 게임에서 곰이 승리하도록 일종의 승부조작을 하고 있었던 셈입니다.

환웅이 인간되기 게임의 룰을 만들었고, 게임 참가자인 곰과 호랑이는 스스로 자원을 했으니 두 녀석이 스스로 뭔가를 결정하고 선택하는 것은 없는 셈이죠. 그럼 여기서 의문이 들지 않습니까? 왜 환웅은 호랑이가 패배하도록, 그리고 곰이 승리하도록 승부 조작을 해야만 했을까요?

결론부터 말하자면 환웅은 자신에게 어울리는 배우자가 필요했기 때문입니다. 잠깐! 여기서 곰을 숭상하는 부족이 호랑이를 숭상하는 부족과의 사이에서 승리하였다는 식의 역사적 또는 지정학적 해석은 다른 전문가들에게 부탁드리고, 우리는 그저 일반 상식적인 인문학을 추구하도록 합시다.

단군신화의 포인트는 환웅이 하늘에서 내려왔는데 배우자가 없어 대를 잇지 못하다가 웅녀와 결혼하여 단군왕검을 낳았다는 점입니다. 그러니 웅녀의 탄생은 곰이 인간으로 변신하는 놀라운 이야기라기보다는, 환웅이 자신의 배우자를 만들어내는 '배우자 만들기'의 이야기라고 할 수 있습니다. 물론 이 모두가 환웅이 신이니 가능한 일이겠죠.

여신이 같이 내려오지 않으니 결혼할 상대가 없던 환웅은 곤란해집니다. 그렇다고 그냥 인간 여성과 결혼하는 것은 신의 입장에서 보자면 격이 맞지 않습니다. 처음부터 고려의 대상이 아닌 거죠. 자손이 반신반인半神半人이어서야 한 민족의 건국신화로 격이 떨어질 것을 우려했을 수도 있습니다. 그래서 생각해낸 것이 인간과 신의 중간자적 존재입니다. 웅녀는 신도 아니고 인간도 아닌 존재입니다. 이를 위해 필요한 것이 '변신력'이었던 것이죠.

신화의 매력 포인트는 역시 변신력

. . .

일상에 변신이 넘쳐나는 시대입니다. 어제의 부족한 내가 아닌 오늘의 멋진 나로 다시 태어나기 위해 우리는 변신을 위한 노력을 합니다. 몸을 가꾸고, 얼굴도 고치고, 마음의 양식을 쌓고, 인맥을 만드는 것 모두가 아주 조금씩이나마 변신을 꿈꾸고 있기 때문이죠.

장난감의 영역에도 변신은 큰 테마입니다. 트랜스포머나 로보캅 폴리처럼 차에서 로봇으로 변신하는 장난감이 인기를 끌고, 세일러문이나 웨딩피치와 같은 추억의 캐릭터 시대부터 여자아이들은 빨리 어른이 되고 싶은 마음에 변신 도구에 눈독을 들이기도 했습니다. 하지만 변신이라면 뭐니 뭐니 해도 신화 속의 변신이 최고입니다. 동물이 사람이 되고, 사람이 동물이 되고, 신이 동물이 되고 하는 존재 양상이 바뀌는 변신 말입니다.

그래서 고대 로마의 시인인 오비디우스Publius Ovidius Naso는 아예 『변신 이야기』라는, 그리스 신화에 나오는 변신에 대한 스토리만 모아서 책을 써내기도 했죠. 우리가 신화에서 '변신' 하면 떠올리는 대부분의 이미지는 아마도 오비디우스의 덕분일 겁니다.

변신 이야기 중에 가장 눈길을 끄는 것은 제우스의 변신입니다. 그는 개미로 둔갑해 에우뤼메두사를 찾아가고, 백조로 변신해 레다와 사랑을 나누었으며, 황금소나기가 되어 탑에 갇힌 다나에를 찾아가기도 했습니다. 게다가 황소로 변신해 에우로파를 납치하고, 독수리로 변신해 세멜레에게 접근하였고, 테베의 공주인 안티오페에게는 사튀로스로 둔갑하여 다가갔죠. 이밖에도 열거할 수 없을 정도로 그는 바람을 피기 위해서라면 변신을 밥 먹듯 했습니다.

페테르 파울 루벤스(Peter Paul Rubens)가 백조로 변신하여 레다에게 접근하는 제우스를 그린 <레다와 제우스>. 제우스의 끊임없는 여성 편력의 욕망에 경이로움을 금치 못하긴 하지만 그 덕에 많은 예술적 작품이 탄생했으니 참 아이러니이다.(프랑스 루브르 렌즈 박물관 소장)

하지만 제우스의 놀라운 점은 사랑하는 사람에게 다가가기 위해 자기의 정체를 숨기는 변신만을 한 것이 아니라는 점이죠. 제우스는 아내인 헤라에게 혼날까 봐 상대 여인들을 변신시키기도 했습니다. 대표적인 이야기가 이오를 암소로 둔갑시켜 도망가게 한 것입니다.

그리스 신화에는 식물로 변신하는 이야기도 많습니다. 아폴론의 사랑을 받아주기 싫어서 도망가다 월계수가 되어버리는 불쌍한 다프네의 변신 이야기나, 물에 비친 자신의 모습을 사랑한 나머지 수선화가 되어버린 나르시스, 아폴론이 죽음을 슬퍼해서 아름다운 히야신스로 바꾸었다는 히야킨토스 등등 많은 이야기가 넘쳐납니다. 그런데 그 많은 이야기 중 곰과 관련된 그리스 신화가 하나 있습니다. 바로 칼리스토에 대한 이야기입니다.

칼리스토Callisto는 '가장 아름다운'이라는 뜻으로 아르카디아의 왕 뤼카온의 딸, 또는 요정으로 전해지는 여인이었습니다. 칼리스토는 여신인 아르테미스를 섬기면서, 자신의 외모를 꾸미기보다는 여신과 함께 사냥하기를 즐기며 평생 남자를 모르는 처녀로 남기로 맹세했습니다. 하지만 칼리스토의 아름다움을 알고 있는 남자들은 그녀를 가만두지 않았습니다. 그러니 바람둥이의 제왕 제우스가 빠질 리가 없겠죠. 칼리스토에게 눈독을 들이고 있던 제우스는 아르테미스로 변신하여 칼리스토에게 다가갔습니다. 칼리스토는 아무것도 모른 채 그저 자신이 모시고 있는 여신이라 생각했고, 제우스는 그녀가 방심한 틈을 타 사랑을 나누었습니다. 칼리스토는 남자와 사랑을 나누었다는 사실이 아르테미스에게 발각되면 큰일이기 때문에 이를 숨기고 살 수 밖에 없었습니다.

하지만 몇 달이 지난 후, 사냥을 하던 도중에 아르테미스가 그녀를 따르던 무리들과 목욕을 하게 되었고, 그때 칼리스토는 임신을 한 몸을 들키게 됩니다. 결국 칼리스토는 처녀로 지내겠다는 맹세를 어겼다는 이유로 아르테미스에게 추방을 당하고, 혼자 동굴 안에서 아들인 아르카스를 낳습니다. 그러던 어느 날 동굴 밖으로 나간 아들 아르카스를 데리러 밖으로 나갔다가 헤라의 눈에 띈 칼리토스는 헤라의 저주를 받아 곰으로 변하고 맙니다. 남편의 사랑을 빼앗아간 복수로 그녀의 아름다움을 빼앗아버린 것이죠. 다행히 아르카스는 농부에게 발견되어 청년으로 자라게 됩니다.

곰이 된 칼리스토가 숲에서 홀로 지내는 수년 동안 아르카스는 늠름한 사냥꾼이 되었고, 어느 날 사냥에 나간 아르카스는 곰이 된 칼리스토와 마주치게 되었습니다. 칼리스토는 한눈에 아들을 알아보았지만, 아르카스는 자신을 향해 다가오는 곰이 어머니란 사실을 알지 못하고 화살을 쏘아 죽이려고 했습니다. 제우스는 하늘에서 이 장면을 보고 있다가 안타까운 마음이 들었고, 둘을 하늘의 별자리로 들어 올려 칼리스토는 '큰곰자리', 아르카스는 '작은곰자리'로 만들었습니다.

프랑수아 부셰(François Boucher)가 그린 <아르테미스로 변신하여 칼리스토에 접근하는 제우스>
(모스크바 푸시킨 미술관 소장)

티치아노 베첼리오(Tiziano Vecellio)가 1556년경
그린 <다이아나와 칼리스토>. 다이아나는 아르테
미스의 로마시대 이름이다. 임신사실이 발각되어
무리에서 쫓겨나는 칼리스토의 모습이 보인다.
(스코틀랜드 국립미술관 소장)

곰여인의 슬픈 곰나루 전설

. . .

칼리스토의 곰 변신 이야기에서 주목해야 할 부분은 제우스의 놀라운 바람기와 능력이 아닙니다. 여성 원리라고 할까요? 여성성이 사회와의 관계에서 지니고 있는 의미와 같은 부분입니다.

한 여자가 사랑의 결과로 임신을 합니다. 제우스라는 남성은 임신의 결과에 대해 책임을 지려 하지 않고, 결국 임신과 출산은 고스란히 여성의 몫이 됩니다. 그래서 칼리스토는 그토록 추구하던 자신의 인생을 포기하고 혼자 아들을 낳고 양육하며 마지막까지 아들을 만나는 기쁨을 기대하며 살아갑니다. 게다가 칼리스토는 자신이 위험한 줄을 알면서도 아들을 데리고 동굴 밖으로 나오고, 사냥꾼인 아들을 보고는 무작정 다가가려고 합니다. 비록 그 아들이 자신이 원치 않은 임신으로 태어났다고 해도, 자식을 사랑하는 마음은 여느 인간보다 더 강합니다.

곰이 등장하는 신화이야기로 우리에게 알려진 것은 거의 없습니다. 단군신화나 칼리스토 이야기 정도가 그래도 친숙한 이야기일 뿐입니다. 하지만 잘 찾아보면 여성성의 아픈 부분을 이야기하는 전설이 우리 가까이에도 존재하고 있습니다. 바로 백제가 한강 유역에서 금강 유역인 웅진熊津으로 도읍을 옮길 즈음부터 전해지기 시작했다는 곰나루 전설입니다. 웅진은 곰熊나루津라는 뜻으로 지금의 공주를 말합니다.

아득한 옛날 곰나루 근처 연미산燕尾山에 큰 굴이 있었습니다. 이 굴에는 한 마리의 암곰이 살고 있었는데, 그 암곰은 강을 건너 산으로 나무를 하러온 한 나무꾼에 반하여 그를 납치하여 굴속에 가두었습니다. 암곰, 즉 곰여인은 사내를 굴에 가둬 놓고 숲으로 사냥을 나가서는, 짐승을 잡아와 사내와 함께 먹으며 정성껏 사내를 보살피며 살았습니다. 사내는 호시탐탐 기회를 엿보며 도망치려 했지만, 곰여인이 굴 밖으로 나갈 때에는 바위로 입구를 막아놓는 바람에 할 수 없이 갇혀 지내야만 했습니다.

그런데 이렇게 2년여를 함께 살아가는 동안, 사내는 곰여인과 정을 나누게 되었고 아기까지 태어나게 되었습니다. 그리고 1년이 더 지나 둘째가 태어났고, 사내가 아이들과 잘 어울려 지내는 것을 보면서 곰여인은 점차 사내를 믿게 되었습니다. 그래서였을까요? 하루는 곰여인이 사냥을 가면서 굴 입구를 돌로 막아놓지 않고 그냥 나가는 것이 아니겠습니까. '자식이 둘이나 생겼는데 설마 도망갈까'라고 생각하며 사냥에 열중하던 곰여인은 저 멀리 사내가 강변 쪽으로 뛰어가는 것을 보았습니다. 곰여인은 서둘러 굴로 돌아와 두 새끼를 데리고 강변으로 달려갔지만, 이미 사내가 탄 배는 강을 건너고 있었습니다. 곰여인은 강가에서 제발 돌아와 달라고 사내에게 애원하며 울부짖었습니다.

하지만 사내는 곰여인의 애원을 외면하며 강을 건넜고, 그것을 보고 있던 곰여인은 아이들과 함께 강물에 스스로 몸을 던져 죽고 말았습니다. 그 후로 사람들은 사내가 건너온 나루를 고마나루 또는 곰나루라고 부르게 되었다고 합니다. 그런데 곰여인과 아이들이 그 강에서 죽고 난 다음부터는 강에 배가 지날 때마다 풍랑이 일어 사고가 생겼습니다. 그러자 사람들은 곰사당을 지어 곰여인의 혼을 위로했고, 그때서야 비로소 풍랑이 멈췄다고 합니다.

이 곰나루 전설은 어룬춘족이나 어원커족 등 중국 북방 소수민족 사이에서 전해 내려오는 신화와도 아주 유사하다는 특징이 있습니다. 어원커족의 전설에서는 거의 모든 내용이 동일한데 단지 사내가 사냥꾼이며, 마지막에 도망치는 사냥꾼에게 암곰이 새끼를 두 쪽으로 찢어서 절반은 자기가 가지고 절반은 총각에게 던져주었다는 내용입니다. 사냥꾼에게 던져준 반쪽이 어룬춘족의 시조가 되었다는 이야기이니 우리의 단군신화처럼 민족의 시작을 말해주는 신화인 셈입니다. 웅녀처럼 한 민족의 시작이 되는 생명을 인간세계에 보내는 역할을 한 것이 바

· · ·

기원전 1200~1000년경에 만들어진 것으로 추정되는 곰 여인의 형상을 한 토기. 아랫입술 부분이 재미있게 표현되어 있는데, 물을 따르기 좋은 모양인 것으로 보아 아마도 물을 담는 그릇인 것으로 추정된다.(클리블랜드 미술관 소장)

로 곰이며, 곰과 인간은 같은 차원의 생명이라는 것을 말해줍니다.

어룬춘족의 전설은 칼리스토를 연상하게 합니다. 한 젊은 색시가 오른쪽 손목에 붉은 팔찌를 끼고 산속에 들어가 열매를 따다 그만 날이 저물어 돌아오지 못합니다. 걱정이 된 남편은 산속에 들어가 열심히 찾아보았지만 그녀를 결국 찾지 못합니다. 세월이 흐르고 흘러 산속에 남겨진 색시는 암곰으로 변하게 됩니다. 그러던 어느 날 남편이 산속에서 곰 한 마리를 죽이게 되는데, 그 곰의 오른쪽 발목에 붉은 팔찌가 끼여 있는 것을 발견하게 됩니다.

이 이야기를 읽다 보면 곰이 인간 남성과 결합을 하거나, 여자가 곰으로 변하는 모티프는 '사람=곰'이라는 인식을 인류가 오래전부터 가지고 있던 게 아니었을까 하는 생각이 들게 만듭니다. 그리고 아마 이런 인식이 동북아시아 지역에 넓게 퍼져 있는 곰 토템 숭배와도 관련이 있을 거라고 많은 학자들은 주장하고 있습니다.

그러고 보니 동물원에서 두 발을 들고 과자를 달라고 사람들을 재촉하는 곰을 보며 웃으면서 '와, 정말 사람 같네!' 하고 감탄하던 그 이유를 살짝 알 것 같은 기분이 들지 않나요?

여성성 원리의 상징인 곰

. . .

혼자 살고 있던 암곰은 여인으로 변신하여 사내와 같이 굴속에서 살게 되면서 아이까지 낳습니다. 곰여인은 아이를 낳고 살면서 남자에 대한 믿음을 가지게 됩니다. 자녀가 생기면서 비로소 진정한 가족의 틀을 갖추자 사랑과 믿음이 마음속에 싹트게 된 거죠.

하지만 남자는 그렇지 않습니다. 가족의 외형적 틀을 갖추어도 그는 개인적인 욕구, 즉 지금 이 가족이라는 굴레를 벗어나고 싶다는 마음을 우선으로 합니다. 만일 그가 굴에서 벗어나고 싶다면 곰여인과 잘 이야기해서 굴 밖에서 생활할 수도 있었을 겁니다. 하지만 그는 지금 곰여인과 곰의 자녀와 같이 하는 생활 자체에서 벗어나고 싶었던 거죠.

결국 남자에게는 곰여인과 사이에 만들어진 가족은 구속적 틀을 갖추지 못한 무의미한 구성체일 뿐이었죠. 가족의 핵심구성원인 남성과 여성이 이렇듯 다른 시각을 가지고 있으면 슬픈 결과는 당연한 것일지도 모릅니다.

이렇게 곰이 여성성의 원리를 지니고 있다는 사실은 그리스 신화에도 나옵니다. 사냥의 여신이며 달의 여신인 아르테미스 축제에는 신녀를 상징하는 많은 처녀들이 참가하였습니다. 이때는 서로를 '아르크토이

기원전 300년경 아르크토이로 추정되는 소녀 두상. 머리를 땋은 모양이 아르크토이의 특징이다.(Getty Villa Collection)

arktoi', 즉 '암곰'이라고 불렀습니다. 실제로 이들은 곰 차림을 하고 곰 시늉을 했습니다. 그러고 보니 칼리스토가 곰으로 변한 이유도 바로 달의 여신인 아르테미스와 관련이 있는 것이었군요.

그러고 보니 왜 단군신화에서 호랑이가 아니라 곰이 단군의 어머니로 선택되었는지 납득이 갑니다. 호랑이는 산신령이나 산신으로 대표되는 산의 아버지격 이미지를 지니고 있습니다. 그리고 무리를 지어 살기보다는 독립적인 생활을 합니다. 이 모두가 남성성의 이미지를 대표합니다. 이에 비해 곰은 동면이 끝나면 새로 태어난 새끼와 함께 동굴을 나섭니다. 동굴에 들어갈 때는 없던 새끼가 시간이 지나 동굴에서 나오는 것은 생산과 생명의 부활을 연상시켰고, 이는 풍요의 이미지로 연결됩니다. 어머니로 대표되는 여성성의 이미지인 셈이죠.

남성성을 지닌 호랑이는 바깥을 향합니다. 그러니 동굴에 오래 머무를 수가 없죠. 태양은 밝은 바깥으로 나오라고 자꾸 유혹합니다. 태양과 밖을 지향하는 특징은 남성성을 의미하니까요. 하지만 여성성을 지닌 곰은 동굴 안에서 기다립니다. 어두움에서 잉태의 오랜 시간을 참아냅니다. 달은 어두움 속 초승달에서 점차 차오르며 보름달이 되어가듯이 풍요로움은 기다림에서 비롯됩니다. 곰은 이런 이미지를 대표하는 동물입니다. 그러니 정확히 말해 환웅이 선택한 것은 곰이 아닌 '생명의 산출'입니다. 바로 여성이 지닌 가장 강력한 무기, 생명의 생산성 말입니다. 그리고 생명을 창조하는 것은 신의 능력이기도 했습니다.

곰은 인간과 자연의 매개자

고마나루가 곰나루로 바뀌고, 나루津가 고을이나 물가의 모래벌판을 뜻하는 주州로 바뀌면서 곰나루는 '곰주州', 그리고 후에 다시 '공주'로 변환되었다는 지명의 어휘적 변천사를 참고로 하면 '고마'와 '곰'은 같은 의미라는 걸 알 수 있습니다. 그런데 재미있는 것은 '고마'는 신을 뜻하는 말이었다는 점입니다.

우리말은 우랄알타이어계에 속합니다. 그런데 알타이어로 신들과 소통하는 무당, 즉 샤먼을 '캄Kam'이라고 불렀습니다. 그리고 '캄'은 신을 뜻하는 명사이기도 했죠. 단군왕검의 이름에도 이 '캄'이 숨겨져 있습니다. 왕검은 행정직의 리더인 '왕'과 제사장인 '검'을 뜻했습니다. 고대에는 제사장이 샤먼의 신분을 겸했으니, 자연스럽게 검은 샤먼인 동시에 신이기도 한 것이죠. 그래서 단군이 도읍으로 삼았던 왕검성은 신이 거주하는 곳이라는 뜻의 '검터神城'라고 불렸습니다. 다시 말해 단군은 우리민족에게 왕이자, 제사장이자, 신이기도 한 셈입니다.

어원적으로 고마와 곰의 초성인 'ㄱ또는ㅋ과 ㅁ'이 신을 뜻했다는 것은 여러 나라의 언어에 아직도 흔적이 남아 있습니다. 산스크리트어에는 신을 고타마Gotama, 네팔에서는 쿠마리kumari, 일본어에는 카미Kami, 카무

이kamuy라고 하고, 우리 무속어에는 가물邪神과 가망으로 남아 있습니다.

　이렇게 보면 어원적으로 고마나 곰은 결국 신을 의미하는 다른 말이라 볼 수 있습니다. 그런데 정말 그럴까요? 곰은 신을 의미하는 대표적인 명사로 우리의 마음속에 존재하고 있는 것일까요?

　곰은 숲이나 산을 생활공간으로 하고 있는 인류에게는 가장 두려운 대상이며, 그 때문에 최고 경외의 대상이기도 했습니다. 이런 상황에서 충분히 인간은 곰을 신적인 존재로 취급하여 숭배해왔죠. 하지만 우리

. . . .

살아 있는 여신으로 추앙받는 쿠마리가 밖을 바라보고 있다. 쿠마리는 까다로운 조건을 통과해서 선발되며, 쿠마리가 되면 스스로 걷거나 말을 하면 안 되고, 바깥출입도 통제된다. 여신의 몸에서 피가 나오면 부정을 탔다고 해서, 초경이 시작되면 쿠마리 자리에서 물러나게 된다.(Photograph by Nirmal Dulal)

가 생각하는 '절대적 존재'로서 거리감이 있는 신과는 약간 다른 관계라 보는 것이 좋을 것입니다. 곰은 같은 생활공간에서 언제든 마주칠 수 있었으니까요.

일본의 홋카이도와 러시아의 사할린, 쿠릴Kuril 열도 등지에 분포하는 소수 민족인 아이누족의 전통 축제에는 '이오만테'라는 것이 있습니다. 곰의 넋을 보내준다는 의미를 지닌 이 축제는 곰의 두개골을 예쁘게 화장하여 영혼의 세계로 돌려보냅니다. 화장을 해주는 것은 곰이 영혼의 세계로 돌아간 후 자신이 얼마나 인간들로부터 잘 대접을 받으며 죽음을 맞이했는지, 그리고 인간들이 자신의 몸을 얼마나 정중하고 소중하게 다루었는지를 다른 곰들에게 이야기할 것이라 믿기 때문입니다. 이런 축제나 제의는 일부 북미 인디언 사이에도 행해집니다. 그들은 이런 과정을 통해 곰의 영혼에게 소원을 빌기도 합니다.

이렇게 하는 현실적인 이유는 곰과의 공존과 사냥을 위해서입니다. 곰이 숲 속 동물의 왕이니 그 영혼이 숲으로 돌아가 다른 곰들에게는 인간을 공격하지 말라고 말하게 하고, 다른 동물들에게도 너희가 잡히더라도 너희의 생명을 소중하고 정중히 접대할 것이니 두려워 말라고 이야기해줄 것이라 기대했기 때문이죠.

따라서 다른 시각에서 보면 곰은 인간의 파트너이기도 했습니다. 인간이 보다 안전하게 생활하기 위해서 자연계와 인간계를 이어주는 중간자적인 존재로써의 신인 셈입니다. 모든 만물에는 혼령이 깃들어 있다는 애니미즘의 세계에서 보자면, 자연계의 수장인 곰은 인간을 신의 영역에 이끌어줄 수 있는 존재였던 거죠.

　그래서 곰의 신화나 전설에서는 곰과 인간이 결혼하는 것에 아무 저항이 없이 대단히 자연스럽게 이야기가 전개됩니다. 원래부터 곰과 인간은 서로 소통하고 사랑하고 아이를 가질 수 있는 것처럼 간주되죠. 몽골지역의 신화에는 한 소녀가 산딸기를 따다가 어떤 남자에게 이끌려 산속으로 들어가는데, 그 남자가 사람이 아닌 곰이라는 이야기가 있습니다. 곰은 소녀와 같이 지내며 인간 아이를 낳고 행복하게 살지만 결국 소녀의 가족들에게 죽임을 당합니다. 그리고 가족들은 소녀와 아이에게 곰의 털가죽을 뒤집어씌웠습니다. 그러자 갑자기 소녀와 두 아이는 진짜 곰이 되어버립니다.

　곰에서 여인으로, 여인에서 곰으로 이렇게 쉽게 변화할 수 있던 것은 곰의 본성과 인간의 본성이 서로 연결되어 있다고 보았기 때문이겠죠. 아마도 서로 공통적인 부분을 발견하여 연결시켜 자연과 인간을 이해하려고 했던 사고의 결과일 것입니다.

베어브릭, 나의 소원을 들어줘

곰은 자연과 인간을 매개하는 역할을 해줍니다. 아주 오랜 옛날부터 이런 의식은 우리 인류의 마음속에 자리 잡고 있었던 것이죠. 그래서 곰은 신이라기보다는 신과 소통을 해주는 존재라는 의미가 더 강합니다. 우리는 신에게 인간의 목소리를 전달해주고, 신의 말씀을 인간에게 알려주는 존재를 샤먼이라고 부릅니다. 그러니 곰은 가장 적절한 샤먼이었을지도 모릅니다. 그래서 아르테미스의 신녀들도 여신의 목소리를 인간에게 전달하기 위해 곰을 흉내 내었을 것입니다. 그리고 세계의 많은 샤먼들도 곰의 가죽을 걸치고 곰을 숭배하는 의식을 행했던 것이죠.

곰은 신에게 가서 '인간이 필요한 것을 많이 내려주세요'라고 부탁을 하는 역할을 합니다. 인간이 힘들지 않고 두려워하지 않고 풍요로운 생활을 하도록 부탁합니다.

> 자 이제 우리는 너를 위해 큰 잔치를 베풀려고 한다. 하지만 너를 해치려는 것은 아니니까 두려워할 건 없어. 다만 너를 죽여서 널 사랑하는 숲의 신에게 사자로 파견하려는 것뿐이야.…(중략)…겨울에는 수달피와 담비를, 여름에는 물개와 생선을 우리에게 많이

북미 원주민을 소재로 삼아 그림을 그렸던 조지 캐틀
린(George Catlin)의 1832년 작품인 <Medicine Man,
Performing His Mysteries over a Dying Man>. 곰의
가죽을 덮어 쓰고 의식을 진행하는 샤먼의 모습이다.
(미국 스미소니언 박물관 소장)

보내주십사고 네가 숲의 신에게 가서 잘 좀 부탁드려주시게나.

(『황금가지 2』 제임스 조지 프레이저 저, 박규태 역, 을유문화사, 2005년, 348쪽)

아이누족이 곰의 넋 보내기 축제인 이오만테에서 곰을 죽이면서 하는 말입니다. 어떻습니까, 참으로 인간적이지 않나요? 내가 잘 되기 위해서는 널 죽여서 신에게 부탁을 해야 하지만, 그 전에 잔치를 벌여 너에게 맛난 것을 먹여주고 좋은 축제를 보여준다는 게 말이죠.

인간에게 신이란 무언가를 베풀어줄 수 있으며, 벌을 내릴 수 있는 능력을 지닌 존재입니다. 그래서 끊임없이 인간들은 신과 소통을 하고자 했습니다. 하지만 직접 할 수는 없으니 그 역할을 곰이 대신하는 것이죠.

자, 그럼 처음 질문으로 돌아가 봅시다. '왜 그 많고 많은 동물 장난감 중에서 곰이 친근하고 귀여운 놈으로 자리 잡았을까' 하는 질문 말이죠.

우리 인간들에게 신과 가장 가까운 존재는 어머니입니다. 어머니는 우리가 원하는 것을 들어줍니다. 그리고 그 바람을 위해서는 기꺼이 자신을 희생합니다. 비록 아이는 어머니가 더 이상 신이 아니라는 사실을 깨닫는 나이가 되더라도, 어머니는 샤먼과 같이 끊임없이 자식의 바람을 들어주고 이루어주려고 노력합니다.

곰은 그래서 어머니입니다. 때론 누구보다 무섭고 엄하지만, 아이의 풍요를 위해 동분서주하고, 행여나 자신의 부재로 아이가 세상 모든 소통의 길이 닫힐까 봐 전전긍긍하면서 말입니다. 늘 가까이 어머니를 두고 싶어 하는 마음이 담겨진 장난감, 그것이 바로 베어브릭이고 테디베어입니다.

참, 마지막으로 하나 더. 〈이웃집 토토로〉를 보면서 토토로의 정체가 과연 무엇인지에 대해 여러 사람들과 격론을 벌인 적이 있습니다. 지금 생각해보면 토토로는 곰임이 분명합니다. 토토로는 어머니가 병원에 입원하여 옆에 없는 상황에서 주인공 마이와 사츠키의 소원을 열심히 들어줍니다. 자신이 못하는 일은 다른 친구들의 도움을 받아서까지 말이죠. 아마 토토로는 '마이와 사츠키의 마음속에 자리하고 있던 어머니의 모습이 아니었을까?' 하고 지금에서야 깨닫게 됩니다.

토토로는 큰 놈, 중간 놈, 작은 놈으로 크기에 따라
셋으로 나누어진다. 큰 놈은 귀엽지만 약간은 무서
운 듯도 한 존재이다. 반면 중간 놈과 작은 놈은 그
저 귀엽기만 하다.(www.flickr.com/Photograph
by Wesley Chan)

PART 02

부수고 만드는 건 창조자의
권리다 : 레고

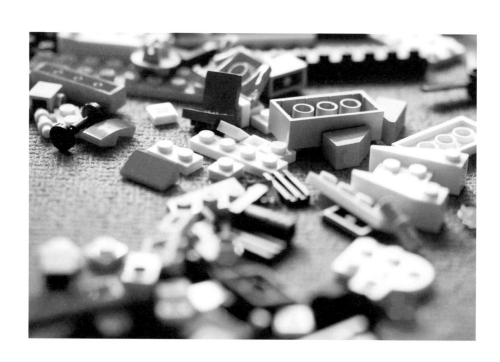

레고는 조립한 사람이 분해해야 한다고?

. . .

"아빠가 또 만들어주면 되잖아, 울지 마. 더 멋있는 거 만들어줄게."

하지만 아이는 막무가내로 울어대기만 합니다.

"멋있는 거 필요 없어. 내가 어제 만든 거랑 똑같은 거 만들어내!"

똑같이 다시 만들어내다니, 그건 무리임이 분명한데도 아빠는 결국 약속을 안 할 수 없습니다.

"알았어, 알았어. 아빠가 똑같은 거 만들어줄 테니 울음 뚝."

어떻게 생긴 놈인지 기억도 안 나지만, 사정사정을 하고 나서야 아이는 울음을 그칩니다. 그런데 아빠 입장에서 가만히 생각해보니 '그게 그렇게 잘못한 일인가'란 의문이 듭니다. 아이가 어지럽힌 방을 치우라는 아내의 잔소리에 시달려, 이상한 모양새로 이어 붙어져 있던 블록들을 분해해서 바구니 안에 담은 게 전부거든요. 무슨 형상인지 짐작도 가지 않게 붙여져 있던 블록이라 아무 생각 없이 뜯어서 정리했을 뿐입니다. 그런데 왜 아이는 그것에 집착하는 걸까요? 혹시 그게 특별한 무엇이라 그랬던 걸까요?

"으응, 근데 왜 그렇게 그게 소중해? 뭔가 특별한 거라도 되는 거니?"

"아니, 그냥 만든 거야."

"그럼 왜 그렇게 난리를 치는 거야? 똑같은 거 만들라고."

아이의 대답에 심통이 난 아빠가 이해할 수 없어 다시 묻습니다.

"그거야 내가 만든 걸 아빠가 맘대로 부셨으니까 그렇지."

"야, 근데 너도 매일 부수고 다시 맞추고 하잖아. 그럼 아빠가 부수는 건 왜 안 되는 건데?"

이게 무슨 바보 같은 질문이라는 듯, 아이는 아빠에게 눈을 동그랗게 뜨고 또박또박 대답합니다.

"내가 만든 거니까 내가 부수는 거야. 아빠는 아빠 거 부수면 되잖아."

난 지금 창조주가 된 거라고요!

. . .

덴마크어로 '레그 고트leg godt', 즉, '잘 논다play well'란 뜻을 지닌 레고LEGO. 지금은 아이가 있는 집이라면 한 세트 정도는 당연히 가지고 있으리라 짐작되는 이 조립블록 장난감은 덴마크에서 시작되었습니다. 1932년 목수 출신 장인인 올레 키르크 크리스티얀센Ole Kirk Christiansen은 나무로 생필품과 장난감을 만드는 회사를 차립니다. 그리고 1934년 회사 이름을 레고라 바꾼 후, 본격적인 목재 장난감을 생산하며 이름을 알리게 되죠. 하지만 호사다마라고 했던가요? 사업이 한창 번창해가던 1942년에 갑작스런 화재로 공장이 불타버리고 맙니다. 그는 이 기회에 나무 장난감 생산을 줄이는 한편, 당시로는 신기술이었던 플라스틱을 소재로 하는 장난감 공장을 세웁니다. 평소 단순하게 조립하고 해체할 수 있는 장난감을 꿈꿔왔던 그에게 플라스틱은 어쩌면 자기의 소망을 이루어줄 수 있는 좋은 소재란 생각이 들어서였죠. 그 후 한 번 더 화재가 일어났고 그걸 계기로 아예 목재 장난감은 버리고 플라스틱 장난감만 생산하게 됩니다.

하지만 조립식 장난감 판매는 생각보다는 쉽지 않았습니다. 초기에는 말 그대로 네모로 생긴 블록의 형태였고 결합력이 약해 그다지 인기가 없었기 때문이죠. 이에 레고는 영국 회사로부터 결합력을 향상시키기 위해 딱 소리가 나면서 잘 결합이 되는 '자동 잠금 브릭' 관련 특허를 취득했습니다. 그리고, 플라스틱 사출 성형기를 사용하여 속이 빈 다양한 형태의 블록을 제작하여 여기에 도색을 하고, 현재의 레고 블록의 모습을 실현시키는 기술력을 갖추게 됩니다.

무엇보다도 레고는 아주 단순한 몇 개의 블록만으로도 여러 가지 형태를 만들어낼 수도 있고, 여기에 막대, 바퀴, 도르래, 미니피겨 등을 결합하면 만들어내지 못할 것이 없을 정도로 다양한 것을 구현해낼 수 있죠.

• • •
덴마크 빌룬트의 레고랜드에 있는 레고로 만든 코끼리. 이걸 만든 사람은
아마 뿌듯한 창조자의 기분을 맛보지 않았을까?

'누구나 창조주가 되어 자신이 원하는 것을 만들어낼 수 있을 것.'

이것이 무한 조립이 가능한 블록인 레고가 원하는 세상입니다. 블록이라는 요소를 연결하여 무언가를 만들어낸다는 점에서 보자면, 피스조각를 연결하는 퍼즐 맞추기도 같은 개념의 놀이이자 장난감처럼 느껴집니다. 어디에 어느 요소를 연결하느냐에 따라 만드는 사람이 꿈꾸는 것이 눈앞에 실현됩니다. 요소의 연결이 창조물을 만들어내는 셈이죠.

하지만 레고와 달리 퍼즐은 처음부터 미리 정해진 자리가 있습니다. 완성된 창조물이 되기 위해선 각각의 요소가 제자리에 있어야 합니다. 이에 반해 레고의 요소에는 처음부터 정해진 자리란 없습니다. 그냥 원하는 곳에 마음대로 요소를 이어붙이면 됩니다. 바로 이점 때문에 레고는 우리들에게 마치 창조주가 된 느낌을 제공하는 마법의 힘을 갖고 있습니다.

퍼즐 맞추기는 그저 피스를 정해진 자리에 꽂는, 그러니까 비유하자면 컨베이어 벨트에 붙어서 자동차 부품을 조립하는 노동자와 같은 역할을 하게 만듭니다. 그에 비해, 레고 조립은 동일한 요소인 블록을 자기 마음대로 연결해서 자기 머릿속에 있는 자신만의 창조물을 만들어낼 수 있으니 진정한 창조주인 신의 역할을 우리에게 체험하게 해줍니다.

그런 면에서 기본적으로 사각형 블록이라는 동일한 요소로 여러 가지를 만들어내는 레고는 신의 창조적 행위를 모방할 수 있게 해주는 훌륭한 장난감입니다. 레고 조립을 하고 있는 동안은 누구든 창조주인 신이 되는 셈이죠.

어허, 감히 창조주의 뜻을 네가 알랴?

. . .

일반적으로 레고 장난감을 칭송하는 분석가들은 레고가 지닌 창조적 행위에 주목합니다. 그리곤 레고가 길러주는 창의력을 입에 침이 마르도록 칭송하죠. 그래서 부모들에게 아이들이 아무리 괴상한 모양의, 뭔지 모를 것들을 만들어내도 그것이 창의적 사고, 창의성으로 이어지니 더욱 칭찬해주라고 조언을 마지않습니다. 게다가 아이들과 만들어놓은 것이 무엇인지, 어떤 기능을 갖는지 등에 대해 대화를 나누라고 합니다. 이런 대화를 통해 아이들은 자신이 만든 창의적 산물에 대해 의미를 부여할 수 있기 때문이죠.

긴 막대 같은 모양에 양 옆으로 레고 블록을 하나씩 옆으로 붙이고 있는 아이를 보면서, 피조물인 인간 역할을 하는 엄마가 묻습니다. 피조물이기에 신의 의중을 모릅니다.

"이건 뭐야? 엄마는 잘 모르겠는데."

그럼 창조주인 신 역할을 하는 아이가 대답하죠.

"응. 이건 땅속에서 사는 새야. 평소에는 이렇게 날개를 떼어서 배 밑에 붙이고 다니다가 하늘을 날고 싶을 때는 이렇게 등에 다는 거지."

"아아, 그러니까 날개 달린 뱀 같은 거구나."

· · · ·

때론 레고로 무엇을 만들었는지 가늠이 되지 않는 경우도 많다. 하지만 그게 레고의 매력 아닐까? 창조주 신은 아마도 적당한 형태를 만든 후에 이름을 붙이면서 존재의 정의를 내렸을 것이다. 그러니 아무 형상이나 만든 다음 이름을 붙이더라도 우리는 멋진 창조주가 될 수 있다.

피조물인 엄마는 자신의 인지능력 한에서 이해를 하려고 합니다. 하지만 아이는 신의 목소리로 준엄하게 꾸짖죠.

"아니라니까! 얘는 새야. 뱀이 아니라고. 새인데 땅속에 사는 거야."

인간은 모를 수 있습니다. 아니 모를 겁니다. 창조물이 진정 무엇인지 그 정체를 알고 있는 것은 창조주인 신뿐이며, 우리는 그저 자신의 능력 범위 안에서 이해하려고 노력하는 존재일 테니까요.

무언가를 만들어내는 이 창조행위는 의미를 부여함으로써 완성됩니다. 자, 그럼 아이들은 이 완성된 피조물을 테이블 위에 올려놓고 하루고 이틀이고 한 달이고 지켜보며 흐뭇해할까요? 아닙니다. 아이들은 창조물을 만들어놓고 얼마 안 가 그 피조물을 해체시킵니다. 해체된 레고 블록은 창조 이전의 상태인 동일한 요소로 환원되고 맙니다. 아이들 손에 넘겨졌을 때의 그 상태로 다시 돌아가는 거죠. 조립과 해체가 자유로운 장난감. 레고의 가장 큰 특징은 바로 이 점입니다.

레고는 뭐든지 자유롭게 만들어낼 수 있다는 창의력, 창의성을 길러주는 도우미라는 선전 문구에 마음을 뺏기어, 우리는 어느 순간부터인가 레고가 가지고 있는 '만들어내는 능력=창조 능력'에만 눈과 귀가 사로잡힌 건 아닐까요? 사실 레고가 가진 가장 큰 힘은 해체, 즉 파괴하여 요소로 돌리는 힘일지도 모르는데 말입니다.

부술 것인가, 말 것인가, 그것이 문제로다

. . . .

'창조적 파괴'라는 말이 있습니다. 경제발전 과정에서 이전의 기술, 개념, 상품 등의 혁신이 있어야 경제가 계속 발전한다는 의미로 만들어진 말입니다. 다시 말해 새로운 창조를 위해서는 이전에 존재하던 것은 파괴되어야 한다는 뜻입니다. 새로운 창조는 옛것의 파괴를 통해 이루어진다는 말이죠.

레고는 바로 이 창조적 파괴를 위해 존재하는 장난감입니다. 만일 아이들이 자신이 지금 만들어놓은 것에 만족해서 고이고이 간직하려고만 한다면, 레고가 진정한 의미에서 창의력을 기르는 장난감이 될 순 없었을 겁니다. 이전의 자신, 이전의 자신이 만든 물건, 이전의 자신이 한 생각에 머물러 있는 한 인간은 앞으로 나아가지 못하며, 창의성도 퇴보할 뿐이겠죠. 그러니 반드시 이전의 것을 파괴하지 않으면 안 됩니다.

아마 이 세상 모든 창조주는 파괴가 새로운 창조를 위한 준비라는 점을 알고 있었나 봅니다. 일단 자신이 만들어놓은 인간과 동식물과 세상을 한차례 파괴함으로써 더욱 완벽한 창조물을 내어놓는 모습은 세계 곳곳의 신화에서도 고스란히 드러나 있습니다. 우리가 잘 알고 있는 성경 속 노아의 방주 이야기도 그 중 하나인데, 많이들 알고 있는 이야기

일 테지만 여기서 살짝 기억을 되살려보기로 합시다.

아담과 이브의 자손들이 그 수를 늘려나가면서 사람들이 저지르는 악행 또한 세상에 만연하게 되었습니다. 이런 모습에 마음이 아팠던 야훼는 인간을 창조한 일은 과오였노라고 후회하면서 홍수로 지표면을 쓸어버릴 생각을 하게 되죠.

> "내가 지어낸 사람이지만, 땅 위에서 쓸어버리리라. 공연히 사람을 만들었구나. 사람뿐 아니라 짐승과 땅 위를 기는 것과 공중의 새까지 모조리 없애버리리라. 공연히 만들었구나."
>
> (창세기 6:5~8)

그렇지만 야훼는 인간을 전멸시키지 않고 단 한 사람, 신에게 순종하는 욕심 없는 인물인 노아에게만은 자비를 베풀기로 하고, 노아에게 방주를 만들 것을 명하고는 방주를 만드는 자세한 순서와 치수에 대해서도 가르쳐주었습니다. 노아는 야훼의 말에 따라, 세 명의 아들과 함께 방주를 완성시킵니다.

노아는 야훼가 지시한 대로 가족들과 모든 동물 한 쌍씩을 배에 태웠습니다. 물론 배에는 가족들과 동물들이 먹을 수 있는 충분한 식량을 함께 실어두었죠. 준비가 다 끝나자 40일 동안 밤낮으로 땅에 폭우가 쏟아졌습니다. 사람은 물론 날아다니는 새나 짐승, 벌레 등 땅 위에 있는 모든 생명은 살아남지 못했습니다.

폭우가 그쳐 물이 줄어들기 시작한 지 150일이 되던 날, 배는 아라라트산의 등마루에 닿았고, 그리고도 한참이 지나서야 산봉우리가 드러났습니다. 그러자 노아는 40일 후에 방주의 창문을 열고 까마귀를 날려 보냈습니다. 까마귀는 이러저리 날아다녔지만 육지를 발견하지 못하고 방주로 들어왔다 나왔다를 반복할 뿐이었습니다. 노아는 다시 7일 후, 비둘기를 날려 보냈습니다. 그렇지만 비둘기 역시 앉을 곳을 발견하지 못하고 방주로 돌아왔습니다.

그리고 다시 7일 후, 노아가 비둘기를 날려 보내자 멀리 날아가 저녁때가 되어서야 돌아왔고, 부리에는 올리브 잎이 물려 있었습니다. 그제야 노아는 어디선가 물이 빠져 육지가 모습을 드러냈다는 사실을 알았고, 다시 7일 후 비둘기를 날려 보내자 비둘기는 돌아오지 않았습니다. 노아는 모두를 데리고 방주에서 나와 신을 위해 제단을 쌓고 제물을 바쳤습니다. 야훼는 노아에게 두 번 다시 대지의 생물을 전부 벌하는 일은 하지 않겠다고 약속하였고, 그 계약의 증표가 구름 속에서 나타난 무지개였습니다.

기독교의 홍수신화는 야훼가 자신이 창조한 인간에 대해서 실망하면서부터 시작됩니다. 자신의 의도와는 달리 악행을 저지르며 타락의 길을 걷고 있는 인간을 벌함과 동시에 재창조를 하려고 합니다. 그러기 위해서는 우선 기존 창조 행위의 결과물, 즉 인간과 그 밖의 피조물을 파괴할 필요가 있습니다. 왜 인간이 타락했는데 모든 생물이 다 파괴의 대상이 되는가에 대해 논리적으로 분석하는 것은 의미가 없습니다. 신화를 분석적 논리로 푸는 것은 거의 불가능할 뿐 아니라, 그 결과 우리가 얻을 수 있는 것이 없기 때문이죠.

야훼가 파괴의 방법으로 선택한 것은 홍수입니다. 물로 대지를 쓸어버리는 거죠. 아마 불을 사용하거나 태양을 더욱 뜨겁게 하여 모든 대지를 태워 없애는 방법을 사용할 수도 있었을 겁니다. 지진을 일으켜 모든 것을 땅속으로 빨아들여도 좋았을 것입니다. 하지만 야훼는 많은 물, 즉 홍수를 일으켜 모든 것을 일시에 파괴합니다.

세상 모든 곳에 물은 넘쳐흘렀다

. . . .

'신은 홍수를 일으켜 자신이 만든 것을 한 번에 없애버린다'라는 홍수신화는 기독교 성경에만 있는 것은 아닙니다. 세계 많은 신화에도 홍수이야기가 등장합니다. 그래서 신화학자들은 이 홍수신화를 신화의 보편적 요소라고 보기도 합니다.

멕시코 고원지대에서 꽃피었던 아즈텍의 신화에서는 네 번째 태양인 '물의 태양' 시대에 사람들이 몹시 사악해졌다고 합니다. 신을 섬기는 걸 소홀히 해서 신들은 진노했고, 비의 신 틀랄록이 홍수로 세상을 멸망시키기로 합니다. 하지만 틀랄록은 타타와 네라라는 착실한 부부를 어여삐 여겨, 이들에게만 홍수가 날 것을 미리 알려줍니다. 틀랄록은 부부에게 커다란 통나무 속을 파낸 다음 옥수수 열매 두 개를 가지고 안으로 들어가 옥수수 외에는 아무것도 먹지 말라고 일러줍니다. 그 후 부부가 통나무 안으로 들어가자 비가 내리기 시작하고 홍수가 일어납니다.

아즈텍 신화에서도 신은 타락한 인간에 실망하고 화를 내어 홍수로 창조물을 파괴합니다. 성경과 유사하게 그중 신실한 사람을 골라 이미 홍수에 대한 언질을 해주고 피할 수 있게 해주는 점도 비슷합니다.

이처럼 '신이 특정한 사람만 골라 홍수에서 살아남게 해준다'는 신화

● ● ●

페테르 파울 루벤스(Peter Paul Rubens)가
1636년에 그린 <데우칼리온과 피라>. 두 사람
이 뒤로 던진 돌이 각각 여성과 남성으로 바뀌
는 모습(프라도 미술관 소장)

의 패턴은 그리스 신화인 데우칼리온 이야기에도 등장합니다. 인간의 역사가 시작되고 나서 얼마 되지 않은 시기였습니다. 인간들은 처음에 비해 몹시 사악하고 교만해졌습니다.

"처음에 인간이 만들어졌을 때는 인간은 모두 순수하고 타락하지 않았었는데 이렇게까지 속을 썩이는 존재가 되었을 줄이야. 할 수 없군. 다시 순수한 인간으로 되돌릴 수밖에."

제우스는 성가신 인간을 파멸시키기 위한 홍수 계획을 실행에 옮기기로 하고는 프로메테우스에게 알립니다. 흙으로 인간을 빚어낸 프로메테우스는 이 사실을 알고는 어떻게든 자신이 사랑하는 인간들을 살아남게 만들고 싶었습니다. 하지만 만일 모두를 대피시킨다면 제우스의 분노를 살 것임이 틀림없었습니다. 그래서 자신의 인간 아들인 데우칼리온과 며느리 피라에게만 이 사실을 알려줍니다. 부부는 진심으로 신을 섬기는 사람들이었으니까요.

"곧 큰 홍수로 땅은 완전히 물로 잠길 것이다. 제우스가 인간을 절멸시키기로 한 것이라 나도 어쩔 수 없단다. 너희들은 커다란 나무상자를 준비하여 그 안에 먹을 것을 가득 실어 홍수 동안 견뎌라."

부부는 직접 준비한 나무상자에 들어갔습니다. 9일 밤낮으로 비가 내려 온 세상이 물에 잠긴 후 나무 상자는 파르나소스 산에 닿았습니다. 부부가 밖으로 나와 보니 온 세상은 파괴되어 있었습니다. 부부는 목숨을 건지게 된 것은 기뻤지만 너무나 가혹한 운명이었기에 신들에게 앞으로 어떻게 해야 할지를 물었습니다. 그러자 여신 테미스가 그들의 기도에 답을 했습니다.

"너희 머리를 베일로 가리고 너희 어머니의 뼈를 뒤로 던져라."

피라는 이 말을 이해하지 못했지만 데우칼리온은 곧 그 뜻을 알아차리고는 주변에 있는 돌멩이를 자기 뒤로 던졌습니다. 돌멩이야말로 어머니 대지의 뼈인 셈이었으니까요. 데우칼리온이 던진 돌은 남자가, 피라가 던진 돌은 여자가 되어 다시 인간이 널리 퍼지게 되었습니다.

중국의 신화에 등장하는 홍수신화에는 신에게 선택받은 복희와 여와 남매가 등장합니다. 하늘을 다스리는 신 뇌공의 분노로 인해 인류가 절멸하는 순간에도 남매는 살아남아 인류가 대를 이어 번성할 수 있도록 해줍니다. 다시 말하자면 새로운 인류의 탄생이기도 한 셈입니다. ˊ

나도 물인데, 너도 물이니?

. . . .

그런데 위에서 살펴본 신화들, 왠지 모두 비슷한 요소들을 가지고 있다는 생각이 들지 않습니까? 신화란 인간이 인식하는 세상의 공통분모로 이루어진 이야기라고 할 수 있습니다. 그래서 시대와 지역이 다르더라도 유사한 요소를 가지고 있는 것이 많습니다.

신이 홍수를 일으켜 세상을 파괴시킬 때 특정한 사람만 살아남는다는 요소를 지닌 신화 중 가장 오래된 것은 기원전 3000년경에 만들어졌을 것으로 추정되는 가장 오래된 신화, 수메르인의 홍수신화라고 볼 수 있습니다.

오랜 옛날 인간들은 열심히 노동을 해서 신들에게 입을 것과 먹을 것을 바쳐야 했는데, 너무나 힘이 들었기 때문에 불평을 하게 되었습니다. 신들은 그 불평 소리 때문에 조용히 쉴 수가 없었고 짜증이 나서 인간들을 없애버리기로 합니다. 하지만 인간을 만든 창조의 신인 엔키는 다른 신들의 결정을 따를 수 없어, 착한 마음을 지닌 왕인 지우수드라에게 홍수가 날 것임을 알려주고 배를 준비하도록 합니다. 결국 지우수드라 왕은 배를 타고 홍수를 피해 살아남을 수 있게 됩니다.

수메르의 홍수신화는 1000년 후에 바빌로니아인이 수메르인의 오래된 이야기를 정리하면서 탄생한 '길가메시 서사시'에 주인공의 이름이 우트나피시팀으로 바뀌어 다시 한 번 등장합니다.

우트나피시팀은 고대 수메르 도시 슈루파크의 현명한 왕으로, 신들의 왕 엘릴이 지상의 모든 생명을 없애고자 대홍수를 일으키리라는 이야기를 물의 신인 에아로부터 전해 듣습니다. 에아 신은 그에게 정방형에 뚜껑이 있는 거대한 배를 만드는 방법을 자세히 알려준 후, 가족과 동식물을 싣고 홍수를 피하라고 말합니다.

배가 완성되자 비가 무서울 정도로 억수로 쏟아졌는데, 홍수를 일으킨 에아 신조차도 사태가 자신의 예상보다 나쁘다는 사실을 깨달았고, 미의 여신 이시타르는 자신의 아이들인 인간이 원래의 진흙으로 변하는 모습에 슬퍼했습니다. 6일 밤낮으로 계속된 홍수가 끝나 배가 니시르 산에 닿았지만, 살아 있는 것은 아무것도 없었습니다. 7일 후 우트나피시팀이 비둘기를 날려 보내자 내려앉을 땅이 없어 그대로 돌아왔습니다. 그 후 제비를 내보냈지만 역시 돌아왔습니다.

· · · ·
우트나피시팀이 배를 만들어 홍수를 피해 살아남았다는 이야기가 적힌 판(Photograph by Mike Peel/www.mikepeel.net)

마지막으로 까마귀를 내보냈는데, 내려앉아도 될 땅을 발견했기에 돌아오지 않았습니다. 그제야 우트나피시팀은 배를 벗어날 수 있었습니다.

이처럼 인류 역사에서 문자로 쓰인 시로서 가장 오래된 것으로 알려진 길가메시 서사시에서조차 신들은 자신이 만든 피조물인 인간이 마음에 들지 않는 방향으로 성장하자 이를 파멸시키고 다시 자신의 의도에 맞는 피조물인 새로운 인간, 변화된 인간을 만들어내려고 합니다. 결국 많은 신화에서 세상을 파괴하는 것은 인간 자신도 악마도 아닌, 창조주 자신입니다.

물론 그렇게 된 원인 제공자가 인간이라 할지라도 창조주는 인간을 개과천선시키려는 방향보다는, 좋지 않은 상태에 이르게 된 자신의 창조 행위에 대한 책임의식을 강하게 느끼고, 창조 그 자체를 원점으로 돌리려 합니다. 피조물인 인간 입장에서만 보면 청문회에 나가 발언 한 번 하지 못하고 벌을 받는 꼴이 됩니다. 신화가 신을 주인공으로 하는 이야기란 뜻이니 인간은 조연 역할 밖에 못한다는 점을 감안해도, 우리 인간들의 입장에서 보면 조금은 서운한 대목이 아닐 수 없습니다.

매일 세수하듯 세상이 깨끗해지길

· · · ·

창조주가 일으킨 홍수를 인간에게 알려주는 역할이 신이 아닌 경우도 있습니다. 앞서 노아와 에우데칼리온은 홍수가 일어날 것을 창조주로부터 직접 듣습니다. 타타와 네라 부부와 우트나피시팀은 다른 신으로부터 전해 듣죠. 그런데 인도의 힌두 신화에서는 물고기가 그 역할을 합니다.

아주 먼 옛날에 '마누'라는 이름의 남자가 강에서 손을 씻다가 물 항아리 속에 들어간 작은 물고기 한 마리를 건져 올렸습니다: 그 어린 물고기가 그에게 말했습니다.

"저의 목숨을 구해주고 보살펴준다면 그 보답으로 후에 당신을 구해드릴게요."

마누가 무슨 말인지 몰라 어리둥절해하자 물고기가 설명을 덧붙였습니다.

"곧 모든 생명이 큰 홍수로 죽게 될 겁니다. 그때 제가 당신을 구해드리지요."

그러면서 물고기는 물병 속에 자신을 담아 완전히 클 때까지 보살펴 달라고 부탁했습니다. 마누는 물고기가 조금씩 자랄 때마다 조금 더 큰 항아리로 옮겨주었고, 그 덕분에 물고기는 바다로 나갈 수 있을 만큼 자라 어느덧 세상에서 가장 큰 물고기 축에 들게 되었습니다.

"자, 이제 네가 바다로 돌아가도 아무도 너를 해칠 수 없을 거야."

마누의 말에 물고기는 처음 약속한 대로 얼마 후 홍수가 일어날 것이니 튼튼한 배를 만들어두라고 말하였고, 자신이 다시 나타나 안전한 곳으로 인도하겠다고 했습니다. 마누는 물고기의 말대로 배를 만들었고 신기하게도 배가 완성되자마자 큰 비가 내리기 시작했습니다. 배가 떠오를 만큼 땅이 물에 잠기자 물고기가 나타나 밧줄을 자신의 뿔에 묶도록 하고는 마누를 안전하게 인도하여 산꼭대기로 데려갔습니다.

신화에 나오는 이 물고기, 사실은 신성한 동물 정도가 아닙니다. 바로 힌두 신화에 나오는 유지의 신인 비슈누의 화신입니다. 그러니까 신이 물고기로 변신하여 인간에게 홍수에 대해 알려주는 셈이죠.

많은 홍수신화가 세계적으로 전해 내려오지만 대부분은 이처럼 인간 모두를 절멸시키는 이야기는 아닙니다. 신은 반드시 자신이 선별한 인간을 살려두고 이들로 하여금 후대를 잇게 합니다. 다시 말해 인간이라는 피조물을 홍수로 모두 없애고 다시 처음부터 만들어내지 않는다는 것이죠. 우생학적인 개념에서 보자면 나쁜 DNA를 지닌 인간을 도태시키고 신이 원하고 있는 DNA를 가지고 있는 인간만 계속 번식을 시키려는 의도입니다. 과연 이 의도가 성공적이었는지 아니었는지, 매일 신문과 TV, 인터넷을 통해 전해지는 수많은 사건, 사고를 보면 다소 의문이 들긴 하지만 말입니다. 그런데 왜 유독 인류 전체를 쓸어버리는 도구로 대다수의 신화에서 물이 사용되었을까요?

1800년경 그려진 것으로 추정되는 비슈누의 첫 번째 화신, 아바타르인 물고기
모습의 마치아(Matsya). 마누는 마치아의 도움으로 홍수에서 살아남는다.(www.
indianminiaturepaintings.co.uk/Datia_Matsya_Avatara_10510.html)

역사적인 사실에 근거하자면 빙하 시대의 빙기와 빙기 사이인 간빙기에 다소 기후가 따뜻해지면서 전 세계적으로 물이 범람했던 일이 인류의 집합적 무의식에 남아 있어서 이것이 신화적 요소로 작용했다는 설이 있습니다. 하지만 이는 많은 해석 중의 하나일 뿐입니다. 따라서 좀 더 종교 또는 믿음의 차원에서 해석할 수도 있습니다.

　종교에서는 흔히 더럽혀진 것을 깨끗이 하는 정화淨化를 위해 물, 불, 빛 그리고 신의 말씀을 사용하는데 그 중 가장 대표적인 것이 물입니다. 목욕을 하고 세수를 해서 몸을 깨끗이 하는 도구도 역시 물이듯 말입니다. 그렇다면 왜 불이나 빛, 말씀도 도구로 사용될 만한데 유독 물을 정화의 도구로 삼았을까요?

풍요와 재해의 두 얼굴인 물

. . .

우선 물이 사용되었던 이유는 아마도 선택의 용이성 때문이었을 겁니다. 신화에 사용되는 요소는 우리가 쉽게 주변에서 접할 수 있는 것이어야 합니다. 신화도 이야기이기 때문에 우리가 쉽게 떠올리고 상상하고 연관 지을 수 있는 것들을 가지고 이야기를 형성하는 것이 가장 빠르게 전달됩니다.

신화는 인간이 경험을 통해 축적된 상상력이 결집된 것이니 더더욱 그렇습니다. 즉 많은 사람들이 죽는 재해를 경험하면 할수록, 그 재해는 신이 인간에게 주는 강력한 파멸의 도구라는 상징성으로 강하게 인식하게 됩니다. '잦은 재해=큰 재해=많은 죽음'이라는 도식에 해당하는 재해일수록 신화의 요소로 선택될 확률이 높은 거죠.

만일 불이 요소로 선택되었다면 사람들은 오랜 옛날부터 대화재를 많이 경험했어야 합니다. 지금처럼 도시화가 진전되어 한 곳에 인구가 몰려 있는 경우, 특히 고층빌딩이 난무하는 도시에서는 화재가 큰 재해일 수 있겠지만 인구도 많지 않았고 밀집도도 떨어졌을 옛날 옛적에는 어땠을까요? 아마 불은 몇 가족은 죽일 수 있겠지만 한 번에 많은 사람을 죽일 수는 없었을 겁니다. 화산도 불을 도구로 하는 파괴에 속하지만 세계 대부분의 지역에 화산이 있는 것은 아니니 신화 요소로 남아 있는 경우는 일부 지역에 불과합니다.

빛이나 열의 경우는 어떨까요? 만일 빛과 열이 선택되었다면 인간은 원시시대부터 폭염에 시달리거나 계속 밝은 빛이 비추어 밤이 없는 시간을 경험했어야 합니다. 그런데 폭염에 시달렸다면 거주지를 바꾸거나 이동을 했을 것이고, 낮이 계속되는 경험은 아마 하지 못했을 테지요. 가뭄이 계속되는 것이 폭염에 의한 것이라고 볼 수도 있었지만, 인류의 가뭄은 비의 신이 비를 주지 않는 것이지, 태양신이 열 받아서 그렇다고 생각하지는 않았습니다.

이렇게 불과 빛이 파괴의 도구에서 탈락하면 물만 남네요. 대홍수는 인류가 아주 오래전부터 가장 무서워했던 재해입니다. 심지어 홍수는

. . . .
물에 대한 공포와 경외심은 결국 비에서 출발합니다. 비는 모든 생명에겐 꼭 필요한 것이기도 하지만 큰 재앙을 뜻하기도 했습니다. 차고 넘침은 모자란 것보다 못하다고 그랬나요?(www.flickr.com/ Photograph by Kristina Alexanderson)

매년 반복적으로 나타났고요. 홍수는 나일강의 경우처럼 토지를 비옥하게 해주는 역할을 하기도 했지만 그것은 어디까지나 적절한 규모의 홍수라는 전제하에서입니다. 인류는 홍수를 예측하지도 못했고, 넓은 범위의 피해 규모에 대응할 방법도 몰랐으며, 일단 홍수가 발생하면 마을이나 작은 국가가 전멸될 정도의 피해가 발생했죠. 인류 문명이 강이나 바다에 인접하여 융성했던 탓이기도 했습니다.

사람들은 재해란 신이 인간을 벌하기 위해 일으키는 것이라고 생각했습니다. 평소 인간에게 풍요로움을 주는 신이 분노하여 얼굴을 바꾸면 가장 무서운 재해를 준다고 생각한 거죠. 신의 이 두 얼굴을 달래기 위해 인신공양 등이 행해지기도 했습니다. 그래서 자연히 '두 얼굴의 신'을 가장 무서워했습니다. 대표적인 것이 비의 신이었죠.

채집과 수렵에서 농경으로 생산방식을 바꾸며 발전해온 인류에게 풍족한 농작물 수확은 생존과 직결되는 일이었습니다. 농작물을 잘 자라게 해주는 것은 바로 따뜻한 햇살과 적당한 비였습니다. 태양신과 비를 관장하는 신은 그런 이유로 많은 지역에서 가장 중요한 역할을 수행했습니다. 물론 대지의 신도 어머니 신으로 받들어졌지만 햇빛과 비가 없으면 어머니 신도 수확물을 제공할 수 없었습니다.

단군신화에 환웅이 바람을 다스리는 풍백風伯, 비를 다스리는 우사雨師, 구름을 다스리는 운사雲師를 대동하고 내려왔다는 것만으로도 인류가 비를 얼마나 중요하게 여겼는지를 짐작할 수 있습니다. 구름이 모여야 비가 내리며, 태풍과 같이 바람이 불면 비는 재해 수준이 됩니다. 따라서 구름은 비의 제조를 위해, 바람은 너무 많은 비의 억제를 위해 필요한 것입니다.

비가 적당하면 생명을 낳고, 과하면 죽음으로 이어지는 양면성 때문에 비의 신은 풍요의 신이면서 파괴의 신이기도 했습니다. 마야에서 비와 달의 신이며 출산의 신이기도 한 이쉬첼Ixchel은 인간에게는 파괴신으로 불렸죠. 풍요의 신이 동시에 파괴의 신이라는 면에서는, 영속적 생명력과 죽음이라는 극단적 이미지를 지닌 뱀과 동일 선상에 놓입니다. 실제로 이쉬첼의 머리 위에는 똬리를 튼 뱀이 올라가 있는 모습을 하고 있군요. 보기에 따라 섬뜩해 보이는 여신은 화가 나면 대지에 물을 쏟아부어 홍수를 일으켰기 때문에 항상 인신공양이 필요해서 '분노의 노파'라고 불리기도 했답니다.

마야의 고문서인 드레스덴 코덱스(Dresden Codex)에 그려져 있는 이쉬첼. 고약한 노파의 모습을 하고 있지만 그녀는 대지에 풍요로움을 주는 비의 신이기도 했다.(http://laprofeciamayadel2012.blogspot.com/2010/03/ixchel-diosa-de-la-sexualidad-femenina.html)

이렇듯 홍수는 자주 접할 수 있었고, 그 피해도 막대했기 때문에 사람들은 홍수가 쉽게 세상을 파괴시킬 수 있는 신의 도구라고 생각하게 되었습니다. 게다가 가장 중요한 농작물을 한 번에 싹 쓸어가는 무시무시한 능력 때문에 가장 두려웠던 재해이기도 했죠. 그러니 자연스럽게 불이나 빛보단 물로 인한 세계의 파멸을 연상하기 쉬웠을 겁니다.

해체하여 새로이 만들어내다

. . .

마야의 이쉬첼이 파괴신인 동시에 만물을 세상에 내어주는 풍요의 신, 그러니까 또 다른 창조의 신으로도 숭배를 받았다고 했는데, 이렇게 단순히 인간에게 많은 재해를 가져다주는 자연을 인격화한 신인 대지의 신, 바람의 신, 비의 신, 바다의 신, 강의 신 등만이 파괴와 창조에 관여한 것은 아닙니다. 이보다 좀 더 원초적인 세상의 운동 원리로서 파괴와 창조의 개념을 관장하던 신이 있습니다. 바로 인도의 힌두 신화에 등장하는 시바입니다.

힌두 신화에서는 브라흐마, 비슈누, 시바라는 주요 신이 등장합니다. 브라흐마는 창조를, 비슈누는 창조된 세상의 유지를, 시바는 세상의 파괴를 담당합니다. 불경죄를 무릅쓰고 영화제목처럼 하자면 '만드는 놈, 지키는 놈, 그리고 부수는 놈'이라고나 할까요. 파괴와 창조를 모두 한 사람의 창조주가 수행하는 다른 신화에 비해, 힌두 신화는 세상이 돌아가는 것을 세 명의 신의 합작품이라고 생각한다는 특징이 있습니다.

물론 세계 곳곳에는 그리스 신화처럼 위대한 세 명의 신이 하늘, 땅, 바다 등 다스리는 범위를 나누어 갖고 있다든지 하는 이야기는 많지만, 이렇듯 창조와 파괴의 능력과 권한을 나누어 갖는 경우는 없습니다. 따

왼쪽부터 브라흐마, 비슈누, 그리고 시바. 시바는 네 개의 얼굴을 지닌 것으로 묘사된다.
(로스앤젤레스 카운티 미술관 소장)

라서 힌두 신화 세계에서는 시바의 파괴가 없으면 어떤 새로운 창조도 불가능합니다. 창조는 '무에서 유'가 나오는 것이 아니라 '유에서 새로운 유'가 만들어지는 것이라 보니까요. 사실 이 '유에서 유의 창조'라는 개념은 선별된 인간만을 남기는 홍수신화에는 공통된 요소입니다. 인간을 남겨야 다시 인간이 태어나는 법이니 말이죠. 앞서 힌두 홍수신화에서 인간을 살아남게 하기 위해 물고기로 변하여 홍수를 마누에게 알려준 이가 바로 유지의 신인 비슈누였습니다. 그러니 뭔가 존재하도록 세상이 유지되어야 파괴와 창조가 원활이 이루어진다는 이야기입니다.

그런데 앞의 마누 신화를 읽으면서 혹시 의문이 들지는 않았나요? 다른 홍수 신화에서 살아남은 사람들은 대부분이 부부가 중심입니다. 인간을 다시 창조하기 위해서는 생명을 잉태할 수 있는 남녀 한 쌍이 필요하니까요. 하지만 마누는 남자이며 혼자 살아남게 됩니다. 그래서 마누 신화에는 다음과 같은 이야기가 뒤에 따라 등장합니다.

대홍수 후에 홀로 살아남은 마누는 자손을 만들기로 결심하게 됩니다. 그래서 그는 오랫 동안 고행과 명상을 하였죠. 그리고 신에게 제사를 드리기 위해 버터와 우유, 커드 등을 물속으로 던졌습니다. 그런데 물속에 던진 것들이 단단한 덩어리로 엉기기 시작하더니 1년이 지나자 그 덩어리에서 여자가 태어나는 것이 아니겠습니까? 신들이 이렇게 태어난 그녀가 신기해 누구냐고 묻자 그녀가 대답했습니다.

"저는 마누의 딸 이다입니다."

신들은 이다가 너무나 아름다웠으므로 그녀를 자신들의 곁에 두고 싶어했습니다.

"아니다. 너는 우리들의 것이다."

하지만 그녀는 자신의 곁에 머물라는 신들의 유혹을 뿌리치고 마누에게로 갔습니다. 마누도 그녀가 누구인지 궁금했습니다.

"너는 누구냐?"

"저는 당신 딸 이다입니다."

자신의 딸임을 믿지 못하는 마누에게 이다는 자신이 어디서 태어났는지를 말해주었고, 둘은 함께 고행을·하고 신들에게 제사를 드린 후 많은 자손을 얻게 되었습니다.

홀로 살아남은 마누가 명상을 하고 유제품을 물에 던지는 행위가 이다를 만드는 창조적 기반이 된다는 점은, 기독교에서 아담의 갈비뼈가 이브를 만드는 시작이 되는 것과 유사한 면을 지니고 있습니다. 일단 반드시 뭔가의 원인이 제공되어야 창조가 완성될 수 있다는 점에서 말입니다. '유에서 유가 만들어지는' 셈이죠. 그 결과 마누는 배우자를 얻게 되어 다시 '유에서 유'를 만드는 과정을 실천할 수 있게 됩니다.

'따로 또 같이'의 실천

· · · ·

'유에서 유'를 유독 강조하는 힌두 신화에서 말하는 '창조→유지→파괴
→재창조'라는 순환적 연결성을 생각하면 브라흐마, 비슈누, 시바는 따
로 떨어져 존재할 수 없는 존재처럼 보입니다. 그래서 명백히 별개의 신
으로 숭배되긴 합니다만, 세 명의 신은 원래 하나라는 의미에서 삼신일
체三神一體라고 보기도 하지요. 이는 힌두 신화의 특징인 아바타라Avatāra라
고 불리는 것과 관련이 있습니다.

우리가 많은 인터넷 게임과 영화 〈아바타〉 덕분에 잘 알고 있는 단어
인 아바타Avatar는 산스크리트어로 신의 화신權化을 뜻하는 '아바타라'를 말
합니다. '아바타라'는 신이 천상계에서 지상계로 내려와 육체적 형상을
입는 것을 의미합니다. 다시 말하면 신을 에너지로 보면, 눈에 보이지 않
는 에너지가 인간세계로 내려와 무언가의 형태를 갖춘 것을 말합니다.
힌두 신화에서는 비슈누 신의 아바타르가 유명한데, 비슈누 신은 악인을
멸망시키고 선인을 구제하기 위하여 앞서 등장한 물고기는 물론, 거북,
멧돼지, 인간사자, 난쟁이, 브라만 승려, 라마, 크리슈나, 붓다, 칼키 등
열 개의 모습을 지니고 차례로 이 세상에 자신을 드러냅니다.

물론 시바도 특정한 형상이 정해져 있지 않습니다. 네 개의 얼굴, 네

19세기 그려진 것으로 추정되는 비슈누 신의 10가지 아바타르. 물고기, 거북, 멧돼지, 인간사자, 난쟁이, 브라만 승려, 라마, 크리슈나, 붓다, 칼키(런던 빅토리아 앨버트 박물관 소장)

개의 엉덩이, 세 개의 눈을 가졌고, 이마에는 반달을 이고, 검은 목에 뱀을 감고 호랑이 가죽을 걸친 모습으로 자주 묘사되곤 하지만, 다른 모습을 하고 있기도 합니다. 시바의 변화무쌍함은 그의 이름이 천 개가 된다는 점에서 엿볼 수 있습니다. 우리에게는 우주에 두루 퍼져 있는 힘을 나타내는 '탄다바라'라는 춤을 추는 무용의

나타라자의 자태로 표현된 시바신. 11세기 제작된 것으로 추정되는 청동상으로 손 모양은 두려워 말라는 뜻을 나타낸다.(파리 기메국립동양미술관 소장)

신 나타라자Nataraja의 자태로 잘 알려져 있죠. 이런 단일한 모습이나 특성, 정체성을 지니지 않고 있다는 것은 신의 변화무쌍한 능력이나 묘사하기 어려운 신의 기운을 뜻하기도 하지만, 그 이전에 신은 많은 것의 집합체를 말하며 그 집합체는 부분으로 분할될 수도 있다는 뜻이기도 합니다.

다시 말해 '따로 또 같이'의 결합과 분할이 가능하고, 이를 잘 활용하고 있는 존재가 바로 힌두의 신이라는 말이죠. 힌두의 신은 스스로가 부분으로의 해체와 전체로의 통합, 즉 새롭게 창조된 전체라는 양면성을 내면화시키고 있는 존재들입니다. 결국 신이라고 힌두교에서 말하는 것은 변하지 않는 원리인 '해체와 창조'를 개념화시킨 존재입니다.

너를 자르니 세상이 만들어졌다. 거인이여

· · · ·

시바가 파괴의 신이 된 힌두 신화 이전의 인도로 돌아가 보면 파괴를 뜻하는 해체가 어떻게 창조로 연결되었는지를 알려주는 이야기가 있습니다. 고대 인도 신화가 결집된 『리그베다』에는 산스크리트어로 '영혼', '자아', '인간', '남성' 등을 의미하는 원시原始의 인간인 푸루샤의 이야기가 나옵니다.

원시인 푸루샤는 천 개의 머리, 천 개의 눈, 천 개의 다리를 지녔는데, 대지를 넓게 쓰고 있던 신들이 푸루샤를 희생시켜 제사를 지냈을 때 거기에서 말, 소, 산양, 양 등이 태어났습니다. 게다가 푸루샤의 마음에서는 달이, 눈에서는 태양이, 숨결에서는 바람이 나왔고, 배꼽에서 공계空界, 머리에서는 천계天界, 양발에서는 대지, 귀에서는 방위方位가 생겨났습니다. 그리고 푸루샤의 입은 브라만제관이 되고 양팔은 크샤트리아왕족, 넓적다리는 바이샤서민, 양발은 수드라노예로 나뉘어 이것이 카스트 제도의 기원이 되었습니다.

이처럼 고대 인도 신화에서는 혼돈 속에서 푸루샤라는 거인이 태어나고 신들은 이 거인을 죽입니다. 거인 스스로 죽는 것이 아니라 살해를 당하는 셈이죠. 누군가에 의해 죽임을 당하고 그 결과 무언가가 새롭게 탄생한다는 신화적 알레고리는 많은 지역에서 불이나 농작물의 탄생과 관련한 신화에서도 찾아볼 수 있습니다.

이런 신화에서 죽음은 그냥 생명이 다함을 의미하는 것이 아니라, 해체를 위한 전제일 뿐입니다. 죽임을 당한 푸루샤는 처음부터 해체되기 위한 존재였습니다. 즉 '유창조를 만들어내기 위한 유소재'일 뿐이죠. 그러니 푸루샤의 죽음은 우리들이 느끼는 죽음의 의미가 아니라 다른 창조를 위한 준비과정을 의미합니다. 그래서 푸루샤가 마르고 닳도록 생명을 유지한다면 새로운 창조는 일어나지 못합니다. 이처럼 오랜 옛날 원시 거인이 등장하고 이 거인으로부터 많은 것들이 태어나는 것을 '시체화생설' 혹은 '거인화생설'이라고 부릅니다.

북유럽 신화에서 세상의 재료가 되는 것은 거인 이미르의 몸입니다. 출생이 분명하지 않은 불의 거인족을 제외하면 세상에 최초로 태어난 사람은 이미르였습니다. 그 이전에는 대지도 없었고 바다도 없었으며, 세상은 북쪽을 반쯤 뒤덮은 얼음 세계인 니블헤임과 남쪽을 뒤덮은 태양이 작렬하는 세상인 무스펠스헤임으로 나누어져 있었죠. 그리고 두 세계의 경계 지점에서, 니블헤임에서 도망쳐온 '독기'와 '서리'가 무스펠스헤임에서 온 '열풍'에 의해 녹으면서 떨어지는 물방울에서 생명을 얻어 이미르라는 최초의 거인이 태어났습니다.

이 이미르는 최초 신의 손자인 오딘 삼형제에게 죽임을 당합니다. 그리고 그 상처에서 흘러나온 다량의 피는 바다가 되었습니다. 오딘 삼형제는 이미르의 시체로 세상을 만들죠. 살점으로는 땅을 만들고, 뼈로는 바위를, 이빨과 턱, 작은 뼈로는 돌이나 자갈을, 머리카락으로는 나무들을 만들었습니다. 그리고 두개골을 끌어올려 하늘을 만들고는 마지막으로는 이미르의 뇌를 하늘로 던져 구름을 만들었습니다. 북유럽 최고의 신으로 추앙받는 오딘 삼형제는 이처럼 이미르의 사체를 알뜰살뜰 재활용해서 세계를 만들어냅니다.

그런데 여기서 우리가 눈여겨보아야 할 점은 이미르가 물과 관련하여 탄생했다는 점입니다. 코아세르베이트설이나 마이크로스피어설처럼 생명 발현의 근본을 설명해보려는 다양한 가설들이 모두 여러 요소와 수분이 결합하는 이야기를 하는 것을 보면, '독기'와 '서리'라는 요소가 물방울로 구현화되는 신화적 비유는 과학적이기까지 하네요. 바로 그 물방울에서 생명의 근원, 아니 세상의 근원이 되는 이미르가 탄생합니다.

해체와 분할과 창조의 삼위일체

. . .

하나의 큰 덩어리, 그걸 신화에서는 거인이라고 표현합니다. 거인은 혼돈이 낳은 인간성이나 생명의 존재 의의를 부여받지 못한, 그저 하나의 큰 집합체를 뜻할 뿐입니다. 거대한 덩어리는 분할되어 작게 갈라지고, 그 갈라져 나온 각각의 요소는 새로운 창조의 소재로 작용합니다. 즉, 해체되고 분할되는 과정이 창조로 연결됩니다.

이 과정은 수정란이 아주 빠른 세포분열, 즉 난할을 통해 조직과 기관을 형성하는 것과 유사합니다. 단순히 하나의 세포가 똑같은 두 개의 세포로 분열하는 체세포분열과는 다릅니다. 체세포분열은 창조라기보다는 모방이라 할 수 있죠. 여기에 비하면 하나의 큰 덩어리였던 수정란이 아주 작은 세포로 분할되고, 이 분할된 세포들이 조직과 기관을 형성해 나가는 과정은 '유에서 새로운 유'가 만들어지는 창조라 할 수 있습니다.

거인 이미르는 물방울에서 태어납니다. 물방울은 그 형태만으로도 알을 연상시킵니다. 타원형의 둥근 모양이죠. 물방울에서 태어난 거인 이미르의 신체 각각은 해체되고 분할되어 세상이라는 전체를 창조합니다. 마찬가지로 커다란 거인 세포격인 수정란도 각각의 작은 세포로 분할되고, 이 분할된 세포들은 각각의 기관과 조직으로 발전하여 인간이라는 전체를 창조합니다.

　요소를 이루는 작은 세포들 입장에서는 인간도 하나의 우주이며 세계입니다. 세포들은 분할을 통해 우주와 세계의 창조에 참여하는 거죠. 그렇다면 아마도 물방울도 빨리 분할을 통해 세계를 만들어내고자 했을 겁니다. 하지만 수정란인 물방울은 빠르게 난할을 통한 세포분열을 하지 못하고, 아주 느리게 분할이 이루어졌거나 아니면 잠시 분할이 중단되었을 겁니다. 그리고 그 결과물이 바로 거인이었던 것이죠. 그래서 신들은 이 분할을 강제적으로 촉진시킴으로써, 즉 강제적으로 해체함으로써 최종적인 창조가 가능한 분할을 만들어냈습니다. 제대로 나누어지지 않는다면 더 이상의 창조가 불가능하다는 것을 신들은 알고 있었을 테니까요.

　수정란을 의미하는 커다란 덩어리, 난할의 중간단계인 거인, 그리고 최종 분할의 결과로써의 세계 창조. 거인을 창조의 중간 결과물이라고 본다면 중국의 창조신화인 '혼돈의 알'에서 태어난 반고의 이야기만큼 딱 들어맞는 것은 없을 겁니다.

　반고가 태어나기 전 태초의 우주는 커다란 알과 같았습니다. 그 알의 속은 혼돈상태였는데 마치 달걀의 속처럼 노른자와 흰자가 섞여 있는 것 같았죠. 하늘과 땅, 밝음과 어둠을 비롯해 모든 것이 뒤엉켜 구분되지 않았습니다. 그런데 혼돈의 소용돌이가 일어나더니 아주 작은 덩어리가 생겼고 점차 거인의 모습이 되었습니다. 그 거인은 알 속에서 오랫동안 잠을 자다가 1만 8천 년이 흐른 후 잠에서 깨어났습니다.

거인이 깨어나자 알 속의 혼돈은 크게 흔들렸고 온갖 기운은 두 개로 나뉘어 거인의 몸을 감싸 휘돌았습니다. 그리고 마침내 거인은 우렁찬 소리와 함께 알을 깨고 밖으로 나왔죠. 그와 함께 두 개의 기운도 나와 하늘과 땅으로 나누어졌습니다. 그 거인의 이름은 반고였고, 바로 창조 신화의 주인공이었죠.

반고는 매일 3미터씩 성장했고 땅과 하늘도 점점 커져갔습니다. 그리고 이렇게 다시 1만 8천 년이 흐른 후, 반고는 엄청난 거인이 되었고 하늘과 땅도 광대해졌죠. 반고는 머리로는 하늘을 떠받치고 발로는 대지를 딛게 되었습니다. 그리고 다시 세월이 흘러 반고도 나이를 먹고 약해져갔고, 반고는 커다란 꿍음과 함께 땅 위로 쓰러져 생명을 다하게 됩니다. 그런데 이상한 일이 생겼습니다. 반고의 몸이 변하기 시작한 거죠.

반고의 숨결은 바람과 구름이 되었고, 목소리는 우레, 왼쪽 눈은 해, 오른쪽 눈은 달이 되었습니다. 손과 발은 산이 되고, 피는 강물, 힘줄은 길이 되었죠. 살은 논밭이 되었습니다. 이뿐만 아닙니다. 머리카락과 수염은 하늘의 별로, 몸의 털은 나무와

• • • •
명나라 때 편찬된 백과사전인 『삼재도회(三才圖會)』에 그려진 반고의 초상. 창조신화에서 보이는 역동적인 모습이 아닌 인자한 할아버지 신의 모습으로 그려져 있어 조금은 아쉬운 느낌이다.(Asian Library in the University of British Columbia 소장품의 사본)

풀로, 이와 뼈는 쇠붙이와 돌로, 골수는 보석으로 바뀌었습니다. 게다가 그가 흘린 땀조차도 이슬과 빗물이 되어 호수를 이루었습니다. 이렇게 해서 오늘날 우리가 살고 있는 세상이 만들어집니다. 혼돈에서 거인, 다시 거인의 몸에서 세상이 만들어지는 이야기이죠.

반고의 이야기는 힌두 신화의 푸루샤보다는 북유럽 신화의 이미르 이야기에 더 가까운 느낌이 드네요. 바로 신체 각 요소와 세계를 구성하는 요소의 연관성이라는 점에서입니다. 이미르의 피는 바다, 피부는 대지, 뼈는 바위, 이빨은 돌, 머리카락은 나무와 같이 비슷한 모양이나 속성에 맞춰서 변화가 일어났고 반고도 유사합니다. 여기에 비하면 푸루샤는 철학적이며 개념적인 변신 이야기에 속하죠.

아마도 인간은 세상 만물을 바라보면서 보이는 형상이나 속성이 원래 각각의 자연과 사물, 생물에 주어져 있었다고 생각했을 겁니다. 그렇다면 형상과 속성을 지닌 무엇인가가 존재했어야 한다고 생각했고, 그 결과 거인을 상상 속에서 끌어내어 체계적인 이야기를 만들어냈습니다. 그것이 바로 거인신화인 거죠.

하지만 거인화생설을 잘 들여다보면 무언가의 덩어리가 해체되고 분할되어 각각의 새로운 것이 만들어진다는 그 원초적 창조의 이미지를 바꾸어 표현한 것이 아닐까 싶습니다. 창조 중에 가장 멋지고 소중한 창조인 생명 창조의 원리. 어쩌면 신화는 우리가 과학을 통해 밝히려고 했던 가장 위대한 창조의 행위인 생명의 탄생을 비유적으로 이야기하고 있는지도 모릅니다.

파괴의 미학, 레고의 무한 창조

. . .

창조주의 맘에 들지 않아 세상이 파괴되고 다시 만들어지거나, 혼돈에서 거인이 나타나 그로부터 분리된 요소들로 세상이 만들어지는 창조신화의 공통점은 해체와 파괴입니다. 그리고 그 뒤에 숨겨져 있는 죽음이죠.

홍수 신화와 거인 신화는 이 세상에 존재하는 것은 그 전에 존재하던 것의 의미와 생명이 다하게 되면서 만들어진다는 사실을 알려줍니다. 창조는 역시 소멸이 기반되어야 한다는 말이죠. 그런데 우리는 어떤가요? 창조 경제, 창의력, 창의성 등을 이야기하면서 과연 소멸, 해체, 파괴에 대해서는 어떤 이야기를 하고 있을까요?

어렸을 때는 무던히도 장난감을 부수고 망가뜨리고 놀았습니다. 장난감만 그랬나요. 시계나 작은 전자제품 등 눈에 보이고 손에 잡히는 것은 뭐든지 분해하고 부수는 통에 부모님께 혼나기도 했습니다. 초등학교 미술시간에는 공작을 한다면서, 어디선가 이런저런 부품을 가지고 와서는 '로켓을 만든다', '로봇을 만든다' 하면서 의미가 불분명하고 그로테스크한 모습의 뭔가를 만들기도 했죠. 하지만 언제든 제대로 된 물건, 제대로 된 생각을 부수고 자르고 나누면 돌아오는 것은 부정적인 보상뿐이었습니다.

제대로 된 것은 이전에 기능을 하고 있던 것입니다. 그것들도 언젠가는 생명을 다하고 뒤에 오는 새로운 창조물에 자신의 역할을 내주어야 합니다. 그럼에도 불구하고 우리는 여전히 지금 우리 곁에 있는 것들에 집착하는 바람에 부정하고, 해체하고, 파괴하지 않으려 듭니다. 어렸을 때부터 습관화되었던 파괴에 대한 나쁜 이미지 때문에 그렇기도 하고, 새로운 창조의 가치를 확신할 수 없기 때문이기도 합니다.

하지만 보세요. 우리가 살펴본 신화들 어디에도 확신이 있는 것은 없습니다. 파괴 후의 세상이 더 좋은 세상이 될 것이라는 확신은 없습니다. 단지 현재와는 다른 세상이 필요했고, 그래서 일단은 현재의 파괴와 미래의 창조라는 개념이 있을 뿐입니다. 창조주들은 다시 만들어진 그 미래가 맘에 들지 않으면 다시 파괴하고 재창조를 거듭하겠죠. 마찬가지로 질서 잡힌 세상이 혼돈에 빠진다면 다시 새로운 거인이 나타나 제 몸을 던져 다른 세상을 창조할 겁니다. 창조주에게 또는 거인에게 확신은 없습니다. 단지 그렇게 하는 것이 새로운 것을 만드는 시작이기 때문에 그렇게 합니다.

장난감이나 물건을 부수고 다시 이리저리 조합해가는 아이에게도 확신은 없습니다. 더 나은 것이 만들어지리라는 확신 또한 없습니다. 그저 아이는 지금 눈앞에 있는 것이 아닌 다른 것을 만들고 싶을 뿐입니다. 만일 어른들이 뭐라 하지 않는다면 세상 모든 것을 다 부수고 다시 만들고 싶습니다.

그런 점에서 레고에게 감사해야 하겠죠. 레고는 부수어도 혼나지 않습니다. 아니 오히려 '만들고 부수고, 만들고 부수고'를 거듭할수록, 그리고 그 과정에서 조합의 스킬을 터득할수록 칭찬을 받습니다. 아이에게는 파괴의 미학을 가르쳐주고, 부모에게는 파괴의 긍정을 깨닫게 해주죠.

그래서 오늘도 많은 사람들이 수많은 블록과 피스를 부수면서 꿈꿉니다. 나는 창조자라고, 나는 부수고 만들어내는 창조자라고 말입니다.

PART 03

이름을 부르자 존재가 되었다
: 소꿉장난과 피규어

난 엄마, 넌 아빠, 그리고 넌 아들!

· · ·

어린 시절로 돌아가 봅니다. 장난감이 그다지 많지 않았던 시절 말이죠. 그런데 정작 장난감이 없어서 신나게 놀지 못한 기억은 없습니다. 지금 돌이켜보면 장난감이란 우리가 문구점이나 마트에서 살 수 있는 그런 것만이 아니었다는 생각이 듭니다. 그저 우리 곁에 흔히 있는 모든 것이 장난감이 아니었을까요?

어느 날 소꿉장난을 하고 있었을 때의 일입니다. 옆집에 사는 희연이가 열심히 반찬을 만들어줍니다. 한창 파릇파릇한 새잎이 싱그럽게 돋아나던 봄볕의 풀들을 따 모으던 희연이는 손을 멈추고는 잠시 고민하는 표정이었죠. 왜 그러냐는 물음에 그녀는 이렇게 말했습니다.

"음~ 지금 김치를 만들라고 하는데 고춧가루가 없잖아."

김치 없이는 제대로 된 상차림을 할 수 없다는, 전형적인 한국인의 식습관을 엿볼 수 있는 대목이었습니다. 우리는 열심히 주변을 살펴보았죠. 뭔가 고춧가루로 쓸 만한 것이 없나 하고.

그때 마침 빨간 놈이 하나 눈에 들어옵니다. 옳거니 싶어 집어다가 돌로 잘게 부숩니다. 가루가 될 때까지요. 아무 말 없이 열심히 가루로 만들어가던 그녀가 성에 차는 식재료를 얻었는지 높은 톤으로 이렇게 소리쳤습니다.

"이제부터 이게 고춧가루야!"

그녀의 이 작은 선언으로 빨간 벽돌은 고춧가루를 제공하는 원재료가 되었죠. 그녀의 한마디 말로 우리는 이전에는 없던 새로운 고춧가루를 창조해낸 셈이었습니다. 아마 그 창조의 거룩한 순간을 희연이는 지금쯤 말끔히 잊었을 테지만요. 우리의 소꿉놀이는 이렇게 무언가를 말로 선언하면서 시작되었습니다.

. . . .

얼마 전까지만 해도 골목에 가면 흔하게 볼 수 있었던 빨간 벽돌은 아이들에게 훌륭한 장난감이었다. 벌써 옛이야기가 되어버린 것일까?

"난 엄마, 넌 아빠, 그리고 너는 아들이야."

엄마역의 여자 아이가 각자의 역할을 호명하는 순간, 현실 세계에서 지니고 있던 정체성들은 모두 다 사라지고, 아이들은 엄마와 아빠, 자녀가 됩니다. 그리고 그 역할에 충실하게 행동하죠. 이때를 생각하면 언젠가 드라마에서 나왔던 명장면이 다시 떠올라 웃음이 나옵니다. "난 선생이고, 넌 학생이야!"라는.

말이 세상의 존재를 바꾸어버리는 것은 의사놀이에서도 마찬가지였죠. "난 의사고, 넌 환자야"라고 말하는 순간부터 우리의 누군가는 의사로, 또 누군가는 환자가 되어버렸습니다. 그게 일종의 사회적 롤플레잉이라는 것을 깨달았을 때는 이미 소꿉놀이의 잔상만이 남을 만큼 커버렸을 즈음이었지만요.

우리가 소꿉놀이에 아련한 기억만을 간직했다고 해도, 우리가 소꿉놀이를 통해 주변에 있는 많은 것들을 장난감으로 바꾸어놓는 마력을 경험한 것은 분명합니다. 아니 장난감이 아니라 현실로 바꾸어놓았던 거죠. 모래를 담아 '밥'이라 이름 붙이고 내어놓으면 그건 소꿉놀이 장난감의 밥이 되었고, 실제로 현실의 밥이 되기도 했습니다. 작은 종지에 물을 담아 풀을 조각내 담아두곤 '국'이라 부르면 맛난 국으로 변했습니다. 그렇게 소꿉놀이 장난감은 '이름 붙여진 무엇'이었습니다.

이름을 잊으면 너 자신도 사라져

· · ·

〈센과 치히로의 행방불명〉이란 애니메이션이 있습니다. 2001년에 개봉된 것이니 꽤 오랜 시간이 흘러버려 그 시절 이 애니메이션을 본 사람들은 이미 어른이 되었을지도 모르겠네요. 하지만 지금도 많은 사람들이 좋아하는, 잘 만들어진 애니메이션입니다.

애니메이션의 주인공인 소녀 '오기노 치히로千尋'는 이사를 하는 길에 우연히 들어간 터널 안에 펼쳐진 동네에서 돼지로 변해버린 부모님 때문에 마녀인 유바바가 주인으로 있는 온천장에 머무르게 됩니다. 그곳에서 그녀는 성도 없이 그냥 '센千'이란 이름으로 불리게 되죠. 치히로는 유바바의 오른팔인 하쿠의 도움으로 온천장에서 생활을 하게 되는데, 하쿠는 치히로에게 자신의 본명을 절대로 잊어서는 안 된다고 말해줍니다.

"치히로를 잊으면 너는 사라져."

왜냐하면 원래 강의 신이었던 하쿠 자신도 본래의 이름인 '니기하야미 코하쿠누시 饒速水 琥珀主'를 빼앗기면서 자신의 정체성을 잊어버렸고, 이 때문에 자유도 빼앗겼기 때문입니다. 애니메이션의 마지막에 그녀는 하쿠의 본래 이름을 떠올리고 그의 이름을 불러줍니다.

"내가 어렸을 때 빠졌던 강 이름이 코하쿠였지! 코하쿠 강! 네 이름은 코하쿠야!"

그러자 자신의 이름을 되찾은 코하쿠는 멋진 강의 신 모습으로 돌아가게 되죠. 자신이 누구인지 알게 되면 자신이 존재해야 하는 장소로 다시 돌아갈 수 있는 것입니다. 물론 센도 자신의 본명을 잊지 않았기에 자신은 물론 부모님까지 모두 현실로 돌아올 수 있었습니다. 그러니 그녀가 부모님과 함께 현실로 돌아올 수 있는 방법은 이름을 기억하고 불러주는 것이었죠.

인간, 동물, 사물에 붙여진 이름은 신기하게도 존재를 기억하게 만듭니다. 이름을 부르면 다시 그 존재가 기억 속에서 생생하게 되살아나죠. 한 번 여러분도 이 책을 잠시 덮고 눈을 감은 후, 누군가의 이름을 떠올려보세요. 그러면 얼굴과 함께 그 사람의 성격이나 행동, 말, 심지어는 그 사람이 있는 공간과 시간도 함께 떠오르게 됩니다.

신기하지 않나요. 이름은 그저 글이나 말에 불과한 것인데 이름이 어떤 존재나 대상을 완벽하게 대신한다는 점이. 그래서 아마도 신화 속에 존재하는 신들이나 영웅들의 이야기에도 이름과 관련된 것이 있나 봅니다.

이름에서 자유롭지 못한 최고신

. . .

우리는 태어나면서 부모로부터 이름을 부여받습니다. 이름은 이 세상 모든 사람과 구별되는 단 한사람으로서의 자신을 의미하죠. 그래서 '나는 누구인가?'라는 정체성을 나타내야 할 때는 그 무엇보다도 이름이 가장 먼저 등장하게 됩니다. 그만큼 이름은 세상의 존재를 규정짓는 가장 중요한 잣대이기도 합니다.

이집트 신화에는 이름이 그 신의 힘을 뜻하는, 즉 신의 존재 그 자체를 의미하는 신화가 있습니다. 최고신인 '호루스'의 탄생과 관련된 이야기입니다. 이집트 최강의 여신 이시스는 아들 호루스를 임신하고 있는 동안 남편인 오시리스를 죽인 세트를 피해 늪지대에 들어가 숨어 지내야만 했습니다. 세트가 형인 오시리스를 죽이고 조카인 호루스마저 죽이려고 했기 때문이죠. 하지만 이시스는 장차 아들이 계속 늪지대에서 나오지 못하고 평생을 지낸다고 생각하니 너무나 끔찍했습니다. 그녀는 이 상황을 바꿔보고자 태양의 신인 라의 힘을 빌리는 계책을 꾸밉니다.

라는 나이가 많아 언제나 입에서 침이 흘러내렸는데 이시스는 땅에 떨어진 라의 침으로 독사를 만들어낸 다음, 라가 매일 지나다니는 길목에 놔두었습니다. 결국 그 독사에게 물린 라를 어떤 신도 나서서 치료하

• • •

호루스는 태양과 하늘의 화신으로서, 매의 머리를 가진 신으로 표현된다. 특히 호루스의 눈은 모든 것을 보는 눈 또는 전능한 자를 의미하며, 고대 이집트의 신격화된 파라오의 왕권을 보호하는 상징이었다. 지금은 디자인적 요소로 더 자주 접할 수 있다.

지 못하자 이시스는 라에게 그의 진짜 이름을 가르쳐주면 치료를 해주겠다고 합니다.

이집트 마법의 세계에서는 비밀로 되어 있는 진짜 이름을 알려주면 상대방에게 지배를 당할 뿐만 아니라 힘도 빼앗기게 된다는 법칙이 있었습니다. 이 법칙은 아무리 라가 최고신이더라도 거스를 수는 없었습니다. 라는 이시스에게 호루스 이외에는 누구에게도 자신의 본명을 말하지 말라는 조건으로, 자신의 진짜 이름을 이시스에게 알려주고 목숨을 건질 수 있었습니다. 하지만 그 바람에 신으로서의 힘을 잃어버리게 되고, 호루스가 라의 뒤를 이어 최고신의 자리를 계승하게 됩니다.

신의 세계도 인간세계와 마찬가지로 이름 자체가 그 존재와 마찬가지입니다. 아무리 최고신의 이름이라도 그 이름을 마음대로 부를 수 있다면 최고신도 더 이상은 최고신이 될 수 없는 것이죠. 최고신의 이름이라면 함부로 불려서는 안 되는 법입니다. 이름은 불리기 위해 붙여지는 것이니 이름이 불리면 부른 사람에게 종속될 수밖에 없습니다. 그러니 이름은 부르는 사람이 철저하게 이름의 존재를 통제할 수 있는, 심지어 그 존재의 여부를 결정지을 수도 있다는 뜻입니다.

신화는 아니지만 그림동화집에도 실린 독일 민화 〈룸펠슈틸츠헨〉도 이름이 존재를 대신하는 이야기입니다. 한 방앗간 주인이 왕에게 자신의 딸은 황금을 만들어낼 수 있다는 거짓말을 하고, 이 말을 들은 왕은 정말 그런지 시험해보려고 그 딸을 왕궁으로 데려와 방에 가둔 후 짚단과 물레로 황금을 만들어보라고 하죠. 물론 그건 불가능한 일이라 쩔쩔매는 딸의 앞에 홀연히 난쟁이가 나타나 이렇게 말합니다.

"네가 대가를 지불할 용의가 있다면 너의 소원을 들어주마."

궁지에 몰렸던 딸은 깊게 생각할 겨를도 없이 그렇게 하겠다고 합니다. 다음 날부터 난장이는 황금을 가져다주었고 딸은 첫째 날은 목걸이, 둘째 날은 반지를 주었습니다. 하지만 마지막 날, 줄 것이 없어지자 난쟁이는 그녀가 왕비가 되어서 낳은 아기를 달라고 합니다. 이 약속을 승

낙해버린 딸은 무사히 3일간 황금을 왕에게 바쳤고, 만족한 왕은 딸과 결혼해 아기를 낳습니다. 그러자 난쟁이는 약속대로 아이를 받으러 찾아옵니다. 왕비가 된 딸이 사정사정을 하자 난쟁이는 사흘 내에 자신의 이름을 알아맞히면 아이를 데려가지 않겠다고 말합니다.

드디어 사흘째가 되는 날, 아직도 이름을 못 알아낸 왕비가 초조함에 쓰러질 즈음에 한 신하가 숲에서 본 난쟁이가 "내 이름은 룸펠슈틸츠헨이라네~" 하며 이상한 노래를 부르는 걸 봤다고 왕비에게 고합니다. 아기를 데리러 온 난쟁이에게 왕비가 그 이름을 말해주자 분노한 난쟁이는 자기 몸을 찢어버리고 사라져버립니다.

어쩌면 그 난쟁이는 이집트의 태양신 라처럼 본명을 다른 사람에게 들켜버리면, 자신이 가진 힘은 물론 존재까지 자신의 이름을 입 밖으로 내는 사람에게 빼앗기게 된 것은 아니었을까요?

이름만 몰랐어도 개고생은 안 했을 텐데

. . .

이집트 태양의 신인 라가 자신의 이름을 알려주었기 때문에 결국 최고 신 자리를 물려주었었던 것처럼, 그리스 신화에서도 자신의 이름을 알려주는 바람에 곤혹을 치렀던 인물이 있습니다. 바로 트로이의 목마 전략을 주도하여 트로이 전쟁을 승리로 이끌었던 영웅 오디세우스입니다.

트로이 전쟁이 끝난 후 오디세우스는 10년 동안 바다를 방랑하면서 많은 모험을 해야 했습니다. 신비한 연꽃을 먹는 사람들이 사는 곳에서 간신히 도망친 오디세우스가 도착한 곳은 외눈박이 키클롭스족이 사는 섬이었습니다. 오디세우스 일행은 그곳에서 동굴에 살고 있는 엄청난 거구인 폴리페모스와 마주치게 됩니다. 폴리페모스의 동굴에는 먹을 것이 풍부해서 오디세우스는 좀 나눠달라고 합니다. 하지만 폴리페모스는 싫다고 하고서는 동굴 문을 바위로 막아 일행들을 차례로 잡아먹습니다.

이때 오디세우스는 기지를 발휘해 폴리페모스가 취할 만큼 포도주를 먹이고, 폴리페모스에게 오디세우스 자신의 이름을 알려주는데, '아무도 아니다'라는 뜻의 '우티스'가 자기 이름이라고 말합니다. 그리고는 만취한 폴리페모스의 눈을 찌르고 도망칩니다. 폴리페모스의 비명 소리에 놀란 동료 키클롭스들이 달려와 누가 이렇게 했냐고 묻자 폴리페모스는 외쳤습니다.

"우티스가 나를 죽이려 했다네!"

그의 외침을 들은 동료들은 그가 미쳤다고 생각했죠. 그의 말은 결국 '아무도 나를 죽이려하지 않네'란 뜻이었으니까요. 폴리페모스가 바보짓을 하는 바람에 오디세우스 일행은 무사히 도망을 칩니다. 하지만 배에 다다른 오디세우스가 마음을 놓고서는 잘난 척을 했습니다.

"불쌍한 폴리페모스여, 누가 너의 눈을 멀게 한 자가 누구냐고 묻거든, 이타케의 오디세우스라고 말하라!"

오디세우스의 의기양양한 웃음소리를 듣고 폴리페모스는 그의 진짜 이름을 알게 됩니다. 그리고 폴리페모스는 자신의 아버지인 바다의 신 포세이돈에게 오디세우스의 귀향을 방해해달라고 기도합니다. 결국 오디세우스는 이 실수 하나로 포세이돈의 미움을 받아 10년이나 더 바다를 방랑하게 되죠.

이름을 알게 된 폴리페모스는 확실히 자신이 저주를 내려야 할 타깃을 정할 수 있었습니다. 타깃을 모르면 뭘 해야 할지 막막했을 텐데, 이렇게 타깃이 확정되면 이에 맞춰서 공격 전략을 짤 수 있죠. 이는 지금의 전쟁이나 비즈니스 경쟁에서도 마찬가지일 거고요. 앞서 〈센과 치히로의 행방불명〉의 치히로도 자신의 이름만 잘 기억하고 있었으면 고생하지 않고 빨리 현실세계로 돌아올 수 있었습니다. 왜 그럴까요?

아마 세상을 인식하고 파악하는 데 가장 중요한 요소는 '자기 자신'이겠죠. 자기 자신이 존재한다는 것을 알고 또 어떤 사람인지 알아야 비로

귀도 레니(Guido Reni)가 1639~1640년에 그린 <폴리페모스>. 멀어져가는 오디세우스 선단에 돌을 던지려 하고 있다. 화가나 조각가들은 키클롭스의 외눈을 두 눈의 사이 또는 이마에 위치하는 묘사를 하였다. 그림에서 보면 두 눈은 이마의 위치를 알려주는 흔적의 역할일 뿐 실제 눈은 없다.(이탈리아 카피톨리노 박물관 소장)

소 나를 중심으로 세상을 바라보고 삼라만상을 알게 됩니다. 그리고 그 다음 나를 둘러싼 삼라만상을 파악하기 위해 우리는 각각을 타깃으로 삼아 분석하고 기억하는 과정을 거칩니다. 정말 힘든 과정일 것이 분명하지만 인류는 지금까지 멋지게 잘 수행해왔고 그 덕택에 많은 발전도 했습니다.

나 자신을 세상에 존재시키기 위해서는 치히로처럼 자신의 이름이 필요하고, 삼라만상을 존재시키기 위해서는 그에 맞는 이름이 필요합니다. 아, 그러고 보니 이름은 무엇보다 중요한 놈이란 걸 새삼 깨닫게 되네요.

김춘수 시인도 신화적 사고를 했다고?

. . . .

이름은 한 사람에게 붙여지는 고유명사이지만 굳이 고유명사가 아니라도 이름은 붙습니다. 우리가 개를 '개'라고 부르고, 고양이를 '고양이'라고 부르는 것처럼 명사도 이름입니다. 한자를 보면 잘 알 수 있죠. 명사의 '명'은 한자로 '이름 명名'이니까요.

'영철이'가 다른 많은 사람들과 구별되는 그 누군가를 지칭하기 위해 붙여진 꼬마의 이름이라면, '개'는 털이 있고 네 발이 달린, 많은 동물들과 구별되기 위한 이름입니다. 우리가 흔히 '이름'이라고 부르는 고유명사로서의 바둑이, 검둥이는 좀 더 구체적인 변별을 위한 이름일 뿐입니다. 처음 보는 요리나 과일을 보면 우리는 흔히 이렇게 묻죠.

"이건 뭐예요? 뭐라고 불러요?"

결국 다른 말로 '이 물건의 이름은 무엇입니까?' 또는 '이 과일의 이름은 무엇입니까?'와 같은 말입니다. 요리나 과일은 이름을 몰라도 그냥 맛있으면 그만이긴 하지만, 이름을 알면 나중에 기억을 떠올리기 쉽고, 머릿속 저장고에 이것을 저장해서 지식과 정보로 활용할 수 있습니다. 게다가 더 중요한 것은 나와의 관계가 명확히 설정된다는 점입니다. '내가 베트남 가서 친구와 함께 맛있게 먹던 과일'과 같이 말이죠. 다시 말해 이름은 어떤 것에 의미를 부여함으로써 다른 것과 구별하는 능력을 지닌 셈입니다.

그래서 아이들이 소꿉장난을 할 때에는 이름을 붙이는 행위가 필요합니다. 안 그러면 그릇 안에 담겨진 모래는 그냥 수많은 모래와 구별되지 않는 모래일 뿐이니까요. 비로소 '밥'이란 이름이 붙여져야 다른 모래와 다르게 우리가 먹을 수 있는 것으로 탈바꿈합니다. 물론 진짜 먹을 수는 없죠. 그런 역할을 하는 상징으로 바뀐다는 뜻입니다.

왜 이런 일이 벌어지는 걸까요? 이름을 붙이면 모래는 더 이상 모래가 아닌 것이 되고, 게다가 모래가 가지고 있지 않던 '먹거리'라는 속성까지 더해집니다. 마치 전혀 새로운 것이 눈앞에 '짜잔~' 하며 나타나게 만드는 이 힘은 도대체 어디에서 오는 걸까요?

정확히 이 의문에 대한 풀이가 주어진 것은 아니지만 한 가지 생각해 볼 수 있는 것은, 이름에 대한 신화적인 사고방식이 인간 내면에 깊숙이 자리했기 때문일지도 모른다는 점입니다. 예를 들어 만두가 먹고 싶다고 해보죠. 그럼 만두를 외쳐봅니다. 우리가 입 밖으로 '만두'라는 이름을 꺼낼 때 이미 머릿속에는 만두의 이미지가 존재할 겁니다. 우리가 입으로는 만두를 말하면서 머릿속에 자동차가 있을 리는 없으니까요. 즉 이름은 언어로 세상에 던져지는 동시에 머릿속에 확실히 존재하는 이미지를 만들어냅니다.

신화가 실제적 상황이나 존재를 말하는 것이 아니라는 점을 우리는 잘 압니다. 신이 실재한다고 생각할 수도 있지만, 어디까지나 실제로 지

우리 모두 모래를 가지고 놀면서 상상력을 부풀리던 시절이 있었다. 덩어리를 어떻게 만드느냐에 따라 모래는 멋진 장난감으로 바뀌었다.

각될 수 있는 자극은 아니라는 점은 동일합니다. 인식적 차원의 존재라 보는 것이 아마 보편적인 생각일 겁니다. 신화 책을 펴들고 읽어가는 순간, 우리 머릿속에서는 그 신이 나타나 이리저리 움직입니다. 신이 어엿하게 머릿속에 존재하고 있으니 '신은 존재하지 않는다'고 말하기도 곤란한 상황이죠. 간단히 말해 인간은 머릿속에 존재하는 것이라면 현실에도 존재한다고 생각하는 사고방식을 가지고 있고, 이것을 신화적 사고방식이라고 합니다. 만지고 보고 듣지 못해도 존재를 의심하지는 않는다는 거죠. 이름은 이런 사고방식을 만들어주는 매개체인 셈입니다. 우리나라 사람들이 좋아하는 시 중에 김춘수 시인의 〈꽃〉이 있습니다.

내가 그의 이름을 불러주기 전에는
그는 다만
하나의 몸짓에 지나지 않았다.

내가 그의 이름을 불러주었을 때,
그는 나에게로 와서
꽃이 되었다.

신화 이야기에 갑자기 시가 나와 당황하셨다고요? 하지만 이 짧은 몇 줄만큼 이름과 존재의 관계를 명확히 보여주는 것이 없어서 가져왔습니다. 진짜 꽃이 아니라 비유적인 의미겠죠. 그만큼 소중하고 아름다운 것이라는 뜻입니다. 하지만 정말 그럴까요?

시인은 아마도 정말 꽃을 떠올렸을 겁니다. 그의 이름을 부르니 꽃이 눈앞에 나타난 거죠. 우리는 이걸 비유와 상징이라고 합니다. 그리고 이런 것을 만들어내는 힘은 상상력입니다. 결국 신화적 사고방식이란 상상력과 유사하군요.

야훼도 소환마법으로 천지창조를?

. . . .

상상력의 원천인 신화적 사고방식에 많이 등장하는 것이 판타지입니다. 판타지에는 때론 신들이 떼로 등장합니다. 신이나 신의 대적자인 악마가 등장하지 않는 판타지는 약간 싱겁기까지 하고요.

원래 서양 신비학에서 소환술이나 소환마법이란 천사, 악마, 영혼 등을 불러내오는 것이었지만, 현대 판타지 장르에서는 아주 넓은 범위에서 생물이든 무생물이든 무언가를 불러오는 것을 말합니다. 특히 애니메이션의 경우에는 무기 등도 소환마법으로 불러내곤 하죠. 서양 신비학이나 강령술 등에서 말하는 소환마법에는 여러 가지 도구가 필요하기도 하지만, 판타지에서는 이런 복잡한 도구나 과정이 많이 생략됩니다. 아주 간단한 방법으로 소환마법이 이루어지죠. 예를 들면 다음과 같습니다.

"Accio, Firebolt!"

이 '아씨오, 파이어볼트'는 〈해리포터와 불의 잔〉에서 해리포터가 가장 빠른 빗자루인 파이어볼트를 소환할 때 외치는 말입니다. 자신의 곁에 없는 것을 불러오기 위한 외침이죠. 우리말로 하자면 "나와라, 파이어볼트!" 정도일까요. 이 'Accio'는 소환마법의 주문이니 이렇게 간단한 일상 언어는 아마 아니겠지만, 주문과 소환하고자 하는 대상으로 이루어진 외침이라는 건 알 수 있습니다.

자 그렇다면 소환마법의 명령어가 '아씨오'라는 것을 알았다면 소환할 대상을 생각하면서 그 이름을 부르면 끝입니다. 아주 간단하죠. 이름을 말하는 순간, 눈앞에 없던 존재는 갑자기 '짜잔~' 하며 존재하게 되는 것이죠. 그럼 문제는 대상의 이름을 알지 못하면 아무리 머릿속 이미지를 떠올려도 눈앞에 존재하게끔 할 수는 없다는 겁니다. 따라서 소환마법에는 이름이 아주 중요합니다. 이름이 붙여진 것이라면 소환마법의 주

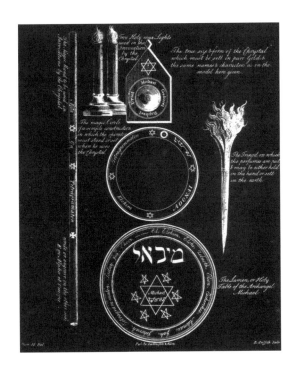

1801년 간행된 『The Magus(비술사)』라는 책에 프랜시스 바렛(Francis Barrett)이 그린 '소환의 도구 정리'. 마법거울, 마법전, 마법지팡이, 그리고 향을 피우는 도구가 그려져 있다.

문을 사용해서 존재하게끔 만들 수 있으니까요.

'나와라, ○○○', '존재하라, ○○○', '있으라, ○○○'이라는 식의 소환 방식을 살펴보다 보니 우리에게 무척이나 익숙한 신의 이야기가 생각납니다. 바로 기독교 성경의 창세기에 나오는 야훼의 천지창조 과정입니다.

야훼는 손으로 진흙을 빗어서 삼라만상을 만들어내는 창조의 방법을 사용하지 않습니다. 그는 아주 간단하고 명료한 방식으로, 그것도 아주 효율적으로 창조해냅니다. 바로 '말씀', 즉 신의 명령을 통해 세상을 창조합니다. 창세기 1절의 천지창조는 대부분이 동일한 서술로 이루어져 있습니다. '빛이 있으라!'라고 말하면 빛이 생기고, '물 한가운데 창공이 생겨 물과 물을 가르라!'라고 하면 하늘이 생깁니다. 그리고 각각 천하의 물이 모인 곳을 바다라 하고, 뭍을 땅이라 이름 붙입니다. 나머지 창조 과정도 동일합니다. '가라사대'로 흔히 표현되듯이 명령을 통해 창조가 이루어집니다.

혼돈만이 가득한 세상에 무언가를 소환하기 위해선 언어적 명령을 사용해야 하고, 이 명령 뒤에 이름을 붙이는 방식은 스케일의 차이는 있지만 해리포터의 소환마법과 유사합니다. 단 소환마법은 이미 존재하는 것을 내 앞으로 불러내오는 것이고, 야훼의 창조는 지금껏 존재하지 않은 것을 불러내는 점에서 살짝 차이가 있지만요. 하지만 소환마법의 범위를 존재하지 않는 것을 소환하는 것까지 확장해보면, 창조란 어쩌면 새로운 상상력을 소환하여 현실 세계에 구현하는 것일지도 모릅니다.

신의 말만으로도 창조는 충분했다지 말입니다

. . .

그런데 이 명령 언어와 이름으로 구성된 창조의 방식은 기독교 고유의 것은 아닙니다. 원시인들은 말이 지닌 이 주술적인 힘을 숭배했기 때문에 세계 각지에는 이와 유사한 신화가 남아 있습니다.

이집트 최초의 신, 아침의 태양 케프리는 자신의 이름을 말하는 것으로 스스로를 창조합니다. 자기가 자기를 만들어내는 자기 창조인 셈인데 이를 위해서는 우선 자기 이름을 외치는 것이 필요했던 거죠.

고대 인도의 신화에서 창조자 역할을 했던 프라자파티는 황금알에서 깨어난 후, '부스Bhus', '부바Bhuvah', '스바르Svar'라는 신성한 외침으로 땅과 대기와 하늘을 불러냈다고 합니다. 그러니까 부스는 땅, 부바는 대기, 스바르는 하늘의 이름인 겁니다.

북미 인디언인 퀴체족의 신화에는 세상은 처음에는 아무것도 없이 단지 하늘과 바다만 존재하고 있었다고 합니다. 땅도 없으니 동물도 산도 나무도 없어서 어떤 소리도 없고 움직임도 없었습니다. 태양 없는 하늘과 광대하고 조용한 바다만이 있으니 신들은 너무 외롭고 심심했습니다. 그래서 그들 중 한 신이 이렇게 명령합니다.

"땅이여!"

그러자 즉각 땅이 바다에서 솟아났고 그 후 신들은 산이며, 숲이며, 동물들을 명령으로 만들어냈습니다. 이렇게 명령을 통해 세상이 창조되는 이야기는 특히 아메리카의 인디언들을 중심으로 많이 퍼져 있습니다.

수메르-바빌로니아의 신화이자 서사시인 〈길가메시 서사시〉에도 유사한 내용이 등장하는데, 하늘과 땅이 갈라지게 된 것이 사람의 이름이 정해지고 땅의 표면에 사람이 살아야 했기 때문이라고 설명하고 있습니다. 다시 말해 사물들의 이름을 붙이는 일, 즉 사물들을 명명하는 것이 주술적인 창조행위인 셈입니다.

신화학자들은 신화적 계보로 보면, 수메르-바빌로니아 신화의 영향을 받은 기독교 성경 창세기편은 고대 유대인이 신의 창조적 힘을 사실로 믿고 있었기 때문이라고 해석합니다. 특히 그리스인들이 영적인 권능이 있는 말씀이라고 하는 '프뉴마 로고스Pneuma-Logos'의 개념도 영향을 주었을 거라 보고 있죠.

기독교 성경의 요한복음에 '천지가 창조되기 전부터 말씀이 계셨다. 말씀은 하느님과 함께 계셨고 하느님과 똑같은 분이셨다1장 1절', '모든 것은 말씀을 통하여 생겨났고 이 말씀 없이 생겨난 것은 하나도 없다1장 3절', '말씀이 사람이 되시어 우리 가운데 사셨다1장 14절' 등의 대목은 언어적 명령이 결국 신의 존재나 능력과 동일하며 이를 통해 창조가 가능했다는 사실을 알려줍니다.

명령에 의한 창조에서 중요한 것은 창조신은 단순한 시각적 이미지뿐만 아니라 창조를 하려는 대상의 이름을 정확히 언어로 표현해야 했다는 점입니다. 그래야 명령이 완성되니까요. 그러기 위해 신들은 자신이 추구하는 시각적 이미지에 이름을 붙이고 그것을 현실 세계에 구현한 셈입니다.

그러고 보니 앞에서의 신화적 사고방식이 다시 생각나네요. 머릿속에 존재하는 것을 현실 세계에 존재하는 것으로 생각하는 상상력! 세상을 창조한 신은 '자신의 상상력에 이름 붙이기'를 통해 세상을 구현한 정말 순수한 아이들의 마음을 지녔을지도 모르겠습니다.

그래도 인간을 창조할 땐 좀 달라야 하지 않았을까?

· · ·

이렇게 단순히 명령만으로 삼라만상을 만들어내는 신도 어쩐 일인지 인간만은 단순한 명령 한마디만으로 세상에 내어놓지는 않습니다. 확인을 위해 다시 성경의 창세기로 가보도록 하죠.

· · · ·

신의 말 그 자체가 힘을 지니고 있다고 믿는 것은, 언어가 지닌
신비한 힘을 인정하는 마음에서일 겁니다.

그때에 주 하느님께서 흙의 먼지로 사람을 빚으시고, 그 코에 생명의 숨을 불어넣으시니, 사람이 생명체가 되었다.

(창세기 2장 7절)

인간은 흙먼지를 원료로 하여 만들어집니다. 그러니까 기본은 흙이라는 거죠. 하지만 흙으로 겉모습만 빚어서는 왠지 인간의 완성에는 부족한, 그러니까 영혼이 없는 느낌입니다. 그래서 야훼가 영혼을 불어넣죠. 하드웨어만 그럴 듯하게 완성되어도 이를 움직이게 하는 소프트웨어가 없이는 완성체라 볼 수 없었던 겁니다.

북미 인디언의 신화에도 비슷한 것이 있습니다. 오하이오의 쇼니 인디언들의 조상을 만든 사람은 한 노파였습니다. 그 노파는 홍수에서 살아남은 유일한 사람이었는데, 자신이 마지막 인간이라는 걸 슬퍼했습니다. 그러자 하늘의 사자가 나타나 이렇게 말합니다.

"맨 처음 사람이 어떻게 만들어졌는지를 생각해 보거라!"

노파는 그 말을 듣고는 깨달은 바가 있어 흙으로 사람 형상을 빚어냅니다. 하지만 인간 형상의 토우로는 진정한 인간이 될 수 없다는 걸 알고 절망하죠. 이때 다시 사자가 나타납니다.

"위대한 영이 진흙 형상을 어떻게 인간으로 살려냈는지 생각해 보거라!"

노파는 즉시 토우들의 콧구멍에 숨결을 불어넣었고, 그제야 진흙 인간은 진정한 생명을 얻게 되었습니다. 그리고 보면 영혼의 숨결은 코로

주입된다는 점에서 창세기와 동일합니다. 인간이 살아 있다는 증거는 바로 '숨쉬기'였으니 아마도 그 숨에 인간이 살아 움직일 수 있는 핵심적 요소, 즉 영혼의 흔적이 있을 것이라 생각했겠죠. 게다가 얼굴의 중앙에 위치한 코가 인간과 외부를 연결시켜주는 통로의 역할을 했다는 믿음도 있었을 겁니다.

독일 신학자인 Dirc van Delft가 1400년경에 편찬한 것으로 추정되는 책의 삽화. 아담의 입에 영혼을 불어넣고 있는 야훼. (미국 월터스 미술관 소장)

찰흙 좀 만져본 사람이라면 알 거야, 창조의 기분을

. . .

•

흙으로 인간을 빚어내는 신화는 세계에 널리 퍼져 있는 보편적인 신화 요소입니다. 인류가 이 땅에 존재하기 시작하면서부터 흙과 물, 태양, 나무 등이 가장 친숙한 것이었고, 만일 무언가를 만드는 창조의 도구로 사용된다면 흙이나 나무가 선택됐을 겁니다. 물은 형상을 빚기 어렵고 태양은 손에 잡히지도 않는 빛을 발하는 것이었을 뿐이니까요. 문자로 남겨져 있는 가장 오래된 신화라는 수메르 신화에도 예외는 아닙니다.

바다의 여신은 다른 신들처럼 매일 먹을거리를 얻기 위해 일을 해야 한다는 게 정말 피곤하고 짜증이 났습니다. 그래서 자신을 섬길 인간을 만들어야겠다고 마음을 먹었죠. 그러면 더 이상 자신은 일을 하지 않아도 될 테니까요. 생각 끝에 모든 신들을 술잔치에 초대해서는 대지의 여신에게 인간을 만들어보라고 했지만, 대지의 여신은 술에 취해서 그런지 제대로 된 인간을 빚어내질 못했습니다. 이걸 보고 있던 지혜의 신인 엔키가 흙을 가져다 인간을 빚긴 했지만, 몸과 마음이 연약하여 만족스러운 작품은 되지 못했습니다. 음주운전이 아닌 음주창조가 원인이었을까요? 그 덕에 이후 인간은 고난의 길을 걷게 됩니다.

수메르 신화는 무척 제멋대로인 신의 모습을 보여줍니다. 자기가 일을 하기 싫으니 대신할 인간을 만듭니다. 뭐 인간도 노동이 싫어서 기계를 만들어 자신의 일을 대신시키고 있으니 비슷하다고 할까요. 집에 있는 세탁기, 전기밥솥을 비롯해 자동차나 공장의 로봇도 결국은 신이 인간을 만들었던 심정과 비슷한 마음에서 인간이 만든 것이죠. 그런데 신화에서는 신들이 철저한 계획을 세워 주도면밀하게 인간을 만든 것이 아니라 합니다. 그냥 즉흥적으로 만든 결과물이라네요. 그래서 인간은 어딘지 모자라는 점을 지니고 있답니다. 화내고, 싸우고, 실수하고, 스스로 파멸하는 인간의 모습은 바로 신들이 취중에 만들어버린 탓이라고 하네요. 그게 인간의 태생적 한계라고 말하고 있는 셈입니다.

. . .

17세기 Xiao Yuncong(蕭雲從)이 그린 여와의 모습. 여와가 구멍 난 하늘을 깁고 고치는 모습을 묘사했다. 이는 하늘에 난 구멍 때문에 자신이 창조한 인간이 겪고 있는 불행을 저버리지 못하는 자비로운 여신의 모습이다. (타이페이 국립 고궁박물관 소장)

흙으로 인간을 만들면서 즉흥적 창조의 사례를 들라면 중국의 여와도 대표 주자로 손을 들어야 합니다. 온 세상을 만들어낸 위대한 여신 여와는 정월 초하루에 닭을 만드는 것을 시작으로 이레째에 흙을 반죽하여 사람을 만들었습니다. 여와는 한 사람 한 사람 정성스레 흙을 빚기 시작했는데, 그 일이 생각했던 것보다 꽤 힘이 드는 큰일이라는 걸 시작하고 나서야 깨달았습니다. 그거야 그랬겠죠. 한두 명을 만드는 것도 아니고 어느 정도 인구가 분포되도록 해야 했을 테니까요. 그래서 묘책을 하나 생각해냈습니다.

여와는 새끼줄을 찾아와서는 그것을 진흙에 넣어 한 바퀴 돌리고 나서 힘 있게 끌어 당겨 빼냈습니다. 그러자 새끼줄에 달라붙어 있던 진흙이 뚝뚝 떨어지면서 하나하나가 인간이 되었죠. 그런데 재미있는 건 다음 이야기입니다.

처음 정성스레 손으로 하나하나 빚었던 인간은 부자이며 신분이 높은 인간이 되었고, 작업이 귀찮아져서 새끼줄로 진흙을 튕겨 대충 만든 인간은 가난하고 신분이 낮은 인간이 되었다는 거죠. 바로 인간의 신분과 빈부 격차가 신의 손길에 의해 시작되었다는, 어찌 보면 아주 슬프고 안타까운 이야기입니다.

기왕 인간을 만들 거 끝까지 정성을 다해 손으로 빚든지, 아니면 처음부터 새끼줄을 쓰든지 했다면 차별과 대립의 인간 세상이 조금은 더 평화롭고 평등한 세상이 되지 않았을까요? 그저 여와의 그 짧은 순간의 잔꾀가 미워질 뿐이네요.

인간, 신을 흉내 내 흙으로 자신을 빚다

· · · ·

    그리스 신화를 보더라도 인간에게 불을 가져다준 고마운 프로메테우스도 흙으로 남자를 만들었고, 대장장이신인 헤파이스토스는 최초의 여인인 판도라를 흙으로 만들었습니다. 같은 동네라면 다른 신이라도 인간을 만든 재료는 같았죠.

    인류는 오랜 옛날부터 인간형상으로 흙을 빚어 곁에 두었습니다. 역사책에 자주 눈에 들어오는 토우土偶라고 불리는, 단어 뜻 그대로 '흙으로 만든 인간 형상'이 바로 그것이죠. 세계적으로 보자면 흙으로 빚은 사람 형상은 구석기시대부터 나타납니다.

· · · ·

1909년 오스트리아 다뉴브 강가의 빌렌도르프에서 철도 공사 중 발견된 것으로, 대략 기원전 25000~20000년경의 선사시대에 만들어진 것으로 추정되는 토우. 11.1cm의 비교적 작은 크기이지만 생산과 풍요의 의미를 담은 여성상이다.(빈 자연사박물관 소장)

체코슬로바키아에서 나온 돌니 베스토니체Dolni Vestonice 비너스나 발렌도르프 비너스Venus von Willendorf 등이 대표적입니다. 아주 오랜 옛날부터 정말 인류는 신의 창조 행위를 흉내 내보려고 했는지도 모르죠.

우리나라에서는 삼국시대와 통일신라시대의 무덤에서 출토된 것들이 많이 있습니다. 게다가 무덤에는 사람뿐만 아니라 동물이나 각종 기물이 함께 있습니다. 무덤에 같이 넣는 부장품으로 장송의례에 사용되었죠. 하지만 이웃나라 일본에 비하면 양이 적고 그다지 화려한 장식도 없는 편입니다.

일본은 기원전 13000년에서 300년까지의 죠몬繩文시대에 비교적 많은 토우가 만들어졌습니다. 발굴된 개수도 많고 장식이 화려하며 조금 더 세밀한 묘사를 한 것이 특징입니다. 하지만 이후에도 지속적으로 제작이 되었습니다. 특히 사람만이 아니라 동물, 사물 등의 형상으로 3~6세기 분묘에 사용된 것을 하니와埴輪라고 부릅니다.

• • •
경주에서 발굴된 신라시대 토우. 무릎을 꿇고 앉아 있는 특이한 자세의 토우로 마치 노래를 부르는 것처럼 보이는, 조금 우스꽝스럽기도 한 모습(국립중앙박물관 소장, http://www.museum.go.kr/site/main/relic/search/view?relicId=1363)

일본 아오모리현 카메가오카에서 출토된, 기원전 1000~300년 사이의 것으로 추정되는 토우. 마치 고글을 쓰고 있는 것처럼 보여서 우주인이 자신의 형상을 남기고 갔다며 미스테리 심취자들을 설레게 했던 전력이 있다.(동경 국립박물관 소장)

일본 군마현에서 출토된, 앉아 있는 무녀의 하니와. 몸집에 비해 작은 다리가 귀엽게 보인다. 일본의 장식성이 엿보인다.(동경 국립박물관 소장)

그런데 이렇게 흙을 빚어서 굳힌 형태의 토우만이 흙을 원료로 하여 인간 형상을 만드는 것은 아닙니다. '점토terra를 구운cotta 것'을 의미하는 테라코타로 만든 인간 형상도 있습니다. 쉽게 말하자면 도자기처럼 구워냈다는 거죠. 이를 도용陶俑이라고 부릅니다. 도용은 우리나라에도 백제 시대의 유물이 아주 적게 남아 있지만, 도용의 나라는 중국이라고 할 수 있습니다. 그럼 도용의 나라, 중국으로 가보도록 하죠. 그곳에는 아마 지금의 장난감과 관련된 뭔가가 있을 겁니다.

병마총에서 피규어를 생각해보다

테라코타로 만든 인간 형상이라면 가장 먼저 떠오르는 것이 있습니다. 바로 진시황릉의 부장품으로 출토된 병사와 말 등의 병마용兵馬俑입니다. 도용처럼 구워낸 거죠. 사진이나 TV에서 너무나 많이 소개되어 우리에게 익숙한 모습인데 그 세부적인 디테일이 정말 놀랍습니다. 지금이라도 막 살아 움직일 것 같으니까요. 1974년 우물을 파던 농부에 의해 우연히 발견되었다고 하는데 처음 땅속에서 이걸 발견한 농부는 얼마나 놀랐을까요.

실제 사람이나 말과 같은 등신대等身大의 병마용은 진시황이 자신이 죽고 나서 내세에도 현세에서 자신이 이루었던 것을 그대로 재현하고자 하는 욕망에서 만들어진 가능성이 크다고 합니다.

병마용의 말을 끄는 병사. 말도 병사도 살아 움직이는 듯한 정말 놀라운 디테일이 압권.

그래서 병마용이 발굴된 네 개의 갱에서는 군대뿐만이 아니라 자신이 살던 궁전의 모형과 문과, 예술인 등의 도용도 같이 발굴되었습니다.

병마용 사진을 보고 있으니 흙으로 인간을 빚어냈던 신의 마음을 알 것 같습니다. 흙을 사용하면 정말 자세한 표현까지 가능했겠죠. 게다가 그 위에 채색까지 한다면 정말 현실에 있는 사람이나 동물, 사물을 표현하는 데 이만한 것이 없었을 겁니다. 하지만 한마디로 '흙'이라고 해도 그냥 땅바닥에서 긁어온 흙으로 신이 인간을 만들지는 않았겠지요. 중국의 창조신인 여와처럼 수분이 살짝이라도 함유되어 있는 진흙을 사용했을 겁니다. 야훼는 흙먼지를 사용했으니 특별한 경우입니다. 하지만

• • •

병마용의 파노라마 사진. 정렬되어 있는 흙의 군대를 보면 현실에서 이루어놓은 것을 얼마나 놓고 싶어 하지 않았는지 그 집착의 욕망을 엿볼 수 있다.(Photograph by Bencmq)

이 흙먼지, 사실은 현대의 점토를 생각하면 어쩌면 가장 현명한 선택이 었는지 모릅니다.

　인류는 오래 전부터 주변에서 흔히 볼 수 있는 단순한 진흙보다는 점 토라고 불리는 것으로 그릇과 같은 생활용품을 만들었습니다. 박물관에 있는 토기가 바로 그렇죠. 점토는 미세한 흙 입자가 성분인 분말로, 물 을 가하면 부드러워지고 말리면 굳어지는 성질을 지닌 것입니다. 그래 서 도자기 등을 만들 때 사용되었던 거죠. 도자기 장인들이 점토에 사용 할 흙을 찾으러 전국을 헤매는 이유가 다 있는 겁니다. 그저 그런 진흙 이면 곤란한 거죠.

아이들의 실력이니 병마용 수준을 기대할 수는
없겠죠. 어쩌면 아이들의 머릿속에는 자신만의
신인류가 탄생했을지도 모릅니다.(www.flickr.
com/Photograph by Daniel Paquet)

지금은 이 점토의 종류가 엄청나게 다양해졌습니다. 20세기의 초등
학교 미술시간에는 찰흙을 사용했다면 21세기에는 점토를, 그것도 컬러
점토를 만지면서 아이들이 창작혼을 불태웁니다. 인터넷에는 인테리어
소품으로 사용하기 위해 아마추어들도 사용할 수 있는 10여 개 가까이
되는 다양한 점토도 소개되고 판매되고 있을 정도고요.

현대를 살아가는 우리들은 신이 어렵사리 흙으로 했던 인간 창조의
행위를, 그저 방을 꾸미기 위한 소박한 목적으로 하고 있는 셈이니 참으
로 신은 우리 가까이 내려와 있다는 느낌을 지울 수 없습니다. 하지만
병마용을 보면 점토만이 생각나는 것은 아닙니다. 그 살아 움직일 것 같
은 모습에서 떠오르는 그것! 네, 바로 키덜트의 잇템으로 활약하고 있는
피규어가 떠오르는 건 어쩔 수가 없습니다.

장난감이라 하기엔 너무 커버린 너

. . .

장난감이 아이들만의 전용물이었던 시대는 이미 저 멀리 떠나간 지 오래입니다. 지금은 바야흐로 어른들의 장난감이 대세입니다. TV, 신문, 잡지, 인터넷에서도 이제는 장난감을 즐기는 어른들을 삐딱하게 보던 시선을 거두고, 오히려 이들을 조금은 차별화된 정체성을 지닌 창의적

.

. . .

조커의 특징은 역시 길게 그은 빨간 입술. 피규어만 봐도 실제 영화에 나온 배트맨의 적수인
조커의 특징을 잘 알 수 있다.(pixabay.com/Photograph by ErikaWittlieb)

인간으로 바라봅니다. 이런 어른들 장난감의 양대 산맥이 있습니다. 하나는 레고이고 또 하나는 피규어입니다.

한 번 접하면 두 번 놀란다는 피규어. 처음에는 그 세밀하고 정교한 만듦새에, 그리고 두 번째에는 비싼 가격에 놀란다죠. 그래서 당장 품에 듬뿍 안고 돌아오고 싶어도 결국은 바라만 보고 마는 슬픈 인연의 피규어.

이 피규어의 소재는 대부분이 PVC로 불리는 플라스틱입니다. 소프트 비닐이나 치과에서 사용하는 레진과 같은 소재를 쓰기도 하지만요. 피규어 소재로 가장 인기가 있는 것은 영화나 만화, 애니메이션, 게임 등

. . . .

2016년 4월 14일, 무려 20년간 미국 농구경기에서 맹활약하고 은퇴한 LA 레이커스의 코비 브라이언트. 피규어에는 앞모습도 제대로 구현되어 있으니 걱정 마시길.(pixabay.com/Photograph by tookapic)

에 등장하는 캐릭터입니다. 말하자면 상상 속의 주인공을 모델로 한 것이죠. 물론 운동선수나 유명인 등을 모델로 하는 피규어도 있습니다.

재미있는 점은 비싼 가격에 판매되는 피규어는 피규어의 원형을 만드는 조형사에 의해 만들어지는데, 조형사는 점토를 사용하여 원형을 빚어낸다는 점입니다. 그러니까 피규어의 기본도 '흙으로 사람 만들기'라는 거죠. 이 점토 원형을 틀로 하여 피규어가 생산되는 겁니다. 사실 이 과정은 우리가 광화문에서 만나 뵐 수 있는 있는 세종대왕 청동 동상의 제작도 마찬가지입니다. 일단 점토로 동상과 같은 크기의 형상을 만든

지금은 이렇게 멋진 청동의 옷을 입고 계신
세종대왕님도 그 시작은 점토였다는 사실.

다음 이걸 틀로 하여 동상이 제작되니까요. 그러니 청동브론즈 조각 또한 결국 시작은 점토인 셈입니다.

피규어는 이제 장난감보다는 점차 예술 작품의 영역에 가까워지고 있습니다. 피규어를 대량생산하지 않고 한정적으로 생산해내는 것도 예술 작품의 생산 양식과 유사합니다. 판화의 경우 대량 생산이 가능함에도 불구하고 일부러 한정 생산함으로써 그 작품의 질과 품위를 유지하는 방식을 취하고 있으니까요.

하지만 예술 작품이든 장난감이든 그 분류는 중요하지 않습니다. 피규어를 바라보고, 옆에 두고 싶고, 만지고 싶은 욕망이란 '실제 존재하지 않는 것을 눈앞에 두고 싶다'거나 '감히 옆에 다가갈 수 없는 스타이지만 내 곁에 두고 싶다'라는 것입니다. 이 욕망을 흙으로 빚어내어 실제로 구현한다는 사실이 중요합니다.

이마 인간을 빚어냈던 신들도 그러했을 겁니다. '지금은 현실에 존재하지 않지만 내 상상 속에 있는 존재를 눈앞에 살아 숨 쉬는 것으로 구현하고 싶다'는 욕망 말입니다. 이 욕망이 존재하는 한, 그리고 우리가 욕망을 구현하는 방법을 알고 있는 한, 우리 한 사람 한 사람이 모두 창조주일지 모릅니다. 아쉽게도 영혼의 숨은 불어넣지 못하겠지만요.

그대 신이 되고 싶지 않은가

. . .

그날도 그랬던 기억이 있습니다.

"야 너 뭐 만드는 거냐? 떡 만드는 거야? 왜 자꾸 동그랗게만 빚고 있어?"

"모르는 소리하네. 이거 몸통 만드는 거라고. 그런 너는 뭐 만드는데? 토끼냐, 그거?"

미술시간에 정말 공을 들여 찰흙으로 코끼리를 빚어 골판지 위에 고이고이 모신 다음, 교실 뒤편에 다른 친구들의 기린, 사자, 돼지, 토끼들과 함께 잘 마르도록 놔두었습니다. 그리곤 학교가 끝나기 무섭게 각자자신들의 멋진 피조물들을 들고 돌아갔죠.

혹시 코가 부러지지 않을까 조심스레 들고 와 엄마께 자랑삼아 보여드렸지만 '잘 만들었네' 하고는 연탄아궁이를 살펴보시느라 정신이 없습니다. 실망할 법도 했지만, 그래도 상관없었습니다. 내가 만들었으니까요. 내 것이니까요. 온전한 내 것이었으니까.

이름도 붙여주었습니다. '코돌이'라고요. 초등학생다운 발상의 이름이지만, 이름을 붙이고 나니 더욱 내 것이라는 생각이 들었습니다. 내가만든 것, 그래서 내가 보살펴야 하는 것. 하지만 시간이 흘러 코돌이는 점차 잊히면서 어디로 갔는지조차 알 수 없게 되었습니다. 아마 다시 흙으로 돌아갔을 것이라고, 지금은 믿습니다.

우리는 다들 어린 시절 찰흙과 지우개 똥, 밀가루 반죽을 가지고 장난을 치면서 이것저것을 만들어냈습니다. 그리곤 거기에 이름을 붙이기도 하고, '이건 ○○이야!'라고 우기면서 자신이 신이 된 듯 의기양양하곤 했죠.

그런데 생각해보면 다 그렇지 않나요? 우리 주변에 있던 내가 만든 장난감이란 것은 그저 놀이의 연장선이었단 사실 말이에요. 나무젓가락을 갈라서 한쪽을 반으로 부러뜨립니다. 그리고 그 부러진 반쪽을 긴 쪽의 3분의 1지점에 크로스해서 십자가 모양으로 만듭니다. 그리고는 이걸 '칼'이라고 이름을 붙이는 순간 이건 나무젓가락이 아니라 칼이 됩니다. 네모난 나무토막을 발견한 아이는 이걸 앞뒤로 밀어봅니다. 그리고는 이 토막에 '붕붕'이라고 이름을 붙입니다. 그 순간 아무 의미도 없던 나무토막은 자동차가 되죠.

정말 놀랍지 않나요? 이렇게 간단히 한 물건이 다른 것으로 '휘리릭~' 하고 변신을 한다니요. 눈앞에 보이는 시각적 자극이야 그대로겠지만, 머릿속에서는 전혀 다른 것으로 바뀌는 놀라운 변신입니다. 이런 변신이야말로 아이들이 지닌 가장 위대한 창의력입니다. 그래서 소꿉장난의 도구는 따로 필요가 없었을 겁니다. 그냥 손에 잡히는 모든 것, 자신이 주물럭대던 모든 것에 이름을 붙이는 순간 장난감이 됩니다.

하지만 자본주의 시대의 시장 경제에 몰입되어 사는 우리는 어느 순간부터인가 시장에서 파는 누군가가 만들어낸 것을, 누군가가 이름 붙인 것을 사서 자신의 것이라 합니다. 아쉬운 대로 자기만의 이름을 붙여도 보지만 어린 시절 내가 직접 만지며 빚어왔던 그 피조물은 아닙니다. 물론, 세상에 하나뿐인 것 또한 아닙니다.

그래서 오늘도 인터넷을 뒤집니다. 아무도 가지지 않은, 내가 이름 붙여줄 단 하나의 내 것을 찾아서 말이죠.

마음껏 무엇을 주물러 나만의 것을 만들 수 있었던 그 시절의 전능감을 다시 맛볼 수 있을까?

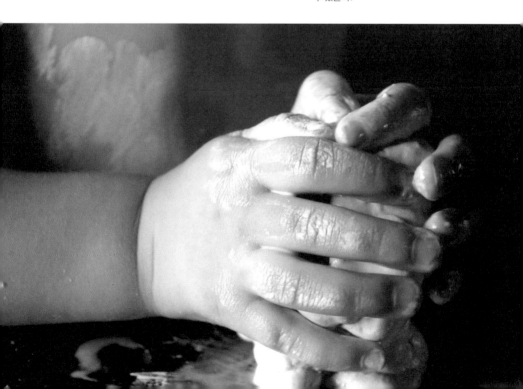

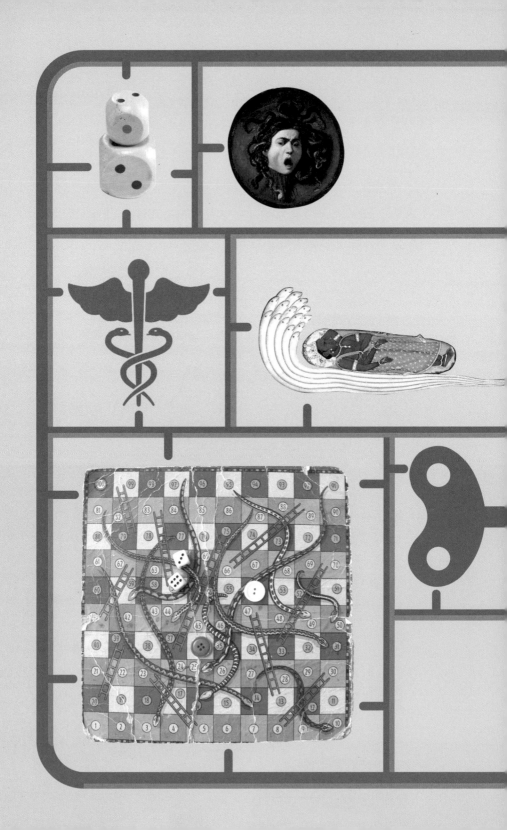

PART 04

악마와 신의 사이에서
: 뱀주사위놀이

쉿! 저리가! 이놈의 뱀

· · ·

.

스마트폰을 보며 길을 가다 인기척에 얼굴을 들어봅니다. 그때 서너 발짝 앞에서 미소를 짓고 있는 사람과 눈이 마주쳤네요. '아차' 하며 얼른 고개를 떨구어 보지만 이미 늦어버렸습니다. 그녀가 다가와 이렇게 묻습니다.

"뱀을 좋아하시나요?"

입술이 살짝 벌려진 채, 동공이 확장된 한 남자의 얼굴을 마주했을 그녀가 다시 한 번 묻습니다.

"저 혹시 뱀을 좋아하시나요?"

'도를 믿으시나요?'를 기대했는데 뱀이라니. 아무런 대답도 못하고 두어 발을 물러섭니다. 그녀가 뱀으로 보여서는 결코 아니겠지만 이미 머릿속에서는 대피경보를 알리는 알람이 힘차게 돌아가고 있었기 때문이죠.

그래요. 우리 모두는 뱀을 무서워합니다. 더 정확히 말하자면 그래도 파충류를 그지없이 사랑하는 소수의 사람을 제외하면 대부분의 인간은 뱀을 무서워합니다. 그래서 세상 무서울 것 없어 보이는 극강의 이종격투기 파이터가 TV프로그램에 출연했을 때, 재미있는 장면을 연출하고 싶은 제작진이라면 아주 간단한 방법을 떠올릴 수 있습니다. 바로 사람 팔뚝만 한 뱀을 그의 목에 감아주는 것이면 족합니다.

오죽하면 인간이 특정한 사물이나 동물에 대해 가지는 공포증인 특정 공포증 중에 당당히 1등으로 이름을 올리는 것이 뱀일까요. 공포증 대상에 대한 심리학 조사 결과를 보면, 공포의 대상으로 높은 곳, 닫힌 곳은 물론 심지어 죽음보다도 뱀을 더 많이 꼽았다고 하니 정말 우리는 뼛속 깊이 뱀을 두려워하나 봅니다.

죽음보다 뱀이 무서우니 당연지사 뱀을 싫어할 수밖에 없습니다. 롤러코스터나 호러영화는 무서워도 좋아할 수는 있지만, 뱀은 그것과 차원이 다릅니다. 뱀이 롤러코스터나 호러영화가 주는 재미를 주지는 못하니까요. 뱀은 그저 우리에게 무서움을 제공할 뿐입니다.

. . . .
이렇게 귀엽게만 생긴 뱀만 있으면 뱀 공포증
이 무슨 말이냐 하겠지만.(www.flickr.com/
Photograph by Florida Fish and Wildlife)

사람 마음이 싫어하면 멀리하고 싶고, 멀리하고 싶어지면 왠지 착한 나와는 달리 나쁜 것이라는 생각을 하게 되죠. 거짓말이 싫으면 거짓말하는 사람을 멀리하고 싶고, 자연히 거짓말쟁이는 나쁜 사람이라고 생각합니다. 이 과정을 거꾸로 거슬러 올라가 나쁘니 싫어하고, 싫어하니 멀리하고픈 마음이 생기기도 하고요. 그러고 보면 싫어하는 것과 나쁜 것은 어쩌면 나란히 달리는 기찻길인지도 모르겠네요.

이 인지상정이 공포 대상 1위에 빛나는 뱀을 피해갈 리는 없습니다. 우리는 뱀을 무서워하고 피하고 싶기에 뱀을 싫어합니다. 그래서 뱀은 당연히 나쁜 짓을 하는 동물로 머릿속에 각인되고 말이죠. 어렸을 때부터 도덕 시간에 귀에 못이 박히도록 들었던 말씀.

> '너와 다르다고 싫어하거나 하면 안 돼. 그리고 싫어한다고 나쁘다고 생각하면 안 돼. 세상에는 다양한 사람이 살고 있어. 나와 다른 것은 그저 차이일 뿐이야. 차이는 좋고 나쁨의 기준이 되어서는 안 돼.'

그때는 분명 그랬습니다. 교실에서 선생님의 모습을 바라보고 고개를 주억거리면서 스스로 멋지고 쓸모 있는 사회의 일원을 꿈꾸고 있을 때는 그 말이 참 멋지게 들렸습니다. 그런데 세상 정의를 혼자서도 구현할 수 있는 히어로가 될 수 있다고 믿었던 어린 시절은 화살같이 빨리 지나가더군요. 그리곤 어느덧 '차이는 그저 다름일 뿐'이라는 그 말씀을 잊어버리고, '차이는 차별을 만들어내는 자양분일 뿐'이라는 것을 받아들이면서 하루를 보내는 자신을 발견하게 됩니다. 그리고 그 차이가 만들어내는 차별이라는 생각엔, 예외 없이 뱀이 똬리를 틀고 들어앉아 있었다는 사실을 새삼스레 발견하게 되었습니다.

TV에도 출연했다네, 뱀주사위놀이

· · · ·

2015년도가 저물어갈 즈음, 온 국민을 커플매니저로 만들어 짝찾기 열풍에 빠뜨린 케이블TV 프로그램이 있었습니다. '응답하라 1988'

드라마의 무대인 쌍문동 어느 집 방 한 구석에 뱀의 모습이 있었습니다. 여주인공 덕선의 첫 사랑이자 덕선의 언니인 보라와 쓰린 사랑의 맛을 보던 선우의 방. 그 방 창에 쳐진 커튼 옆 벽에는 뱀주사위놀이판 두개가 나란히 붙어 있었습니다. 언제나 배우들의 모습이 클로즈업될 때, 포커스에서 벗어나 희미한 형태였지만 그건 분명히 뱀주사위놀이판이었죠.

1980년대 말 부루마블이 자본주의의 신랄하고 차가운 논리를 가르쳐주기 전까지, 대한민국 보드 게임의 왕자는 누가 뭐래도 뱀주사위놀이였습니다. 1970, 80년대를 살아온 사람이라면 그 특유의 검정과 빨강, 노랑, 파랑으로 구성된 바둑판 디자인을 멀리서 보더라도 알 수 있을 만큼, 집집마다 하나쯤은 가지고 있던 놀이. 주사위는 이걸 위해 존재한다는 걸 알게 해준 놀이이기도 했죠.

뱀주사위놀이는 아주 단순합니다. 주사위를 굴려 1번 칸에서 출발하여 100번째 칸에 빨리 도착하는 사람이 승리합니다. 고속도로가 그려진 칸에 말이 도달하면 고속도로를 타고 '슈웅~' 하고 앞쪽 숫자의 칸으로 한 번에 몇 칸씩 점프할 수 있고, 뱀이 그려진 칸에 걸리면 아래 칸으로 '슈욱~' 하고 떨어지는 아주 단순한 룰을 지닌 게임입니다. 룰이 단순하니 남녀노소 누구나 쉽게 즐길 수 있는 놀이었죠.

이 뱀주사위놀이는 사실 세계적으로 아주 역사가 오래된 놀이로, 사다리 게임이라는 것에서 출발했습니다. 사다리 게임이란 주사위를 굴려 누가 먼저 앞으로 나아가나를 가리는 게임을 말합니다. 이렇게 보면 우리나라 윷놀이도 비슷하죠. 주사위 대신 윷을 굴려 누가 먼저 판을 벗어나는지 겨루는 것이니까요. 물론 지금은 예전에는 없던 '빽도'가 등장해서 무작정 앞으로만 달리는 사다리 게임 방식을 벗어났을지도 모릅니다.

후에 이 사다리 게임에 뒤로 후퇴하는 방식이 포함되었는데, 그 원형이 인도에서 시작된 뱀사다리 게임Snakes and Ladders입니다. 인도에서는 선사시대 때부터 이 게임을 했다는 증거가 발견되었다고 하는데요, 뱀이 등장한 이유는 게임이 힌두교 교리를 설법하기 위한 도구였기 때문이라네요.

위로 올라가는 사다리는 '관용, 신념, 겸손 등 건전한 도덕성으로서의 선'을, 반대로 밑으로 떨어지는 뱀은 '욕정, 분노, 살인, 강탈 등 악에 근

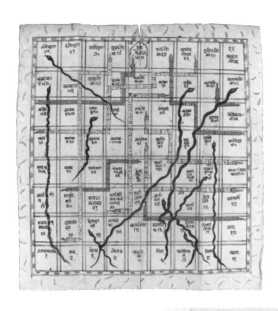

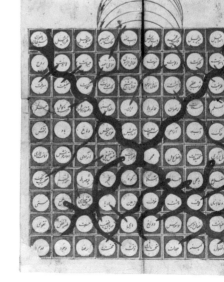

18세기 것으로 추정되는 인도 (위)와 페르시아(아래)의 뱀사 다리 게임. 뱀이 검은 색으로 그려져 있어 더욱 섬뜩하다. (wellcomeimages.org/ indexplus/image/L0035004. html와 wellcomeimages.org/ indexplus/image/L0070420. html)

거한 업보'를 의미했습니다. 그래서 사다리를 타고 위로 올라가는 것은 선을 행하여 차차 높은 종교적 수준으로 상승하는 것이고, 100번째 칸에 도달하면 해탈을 달성한다는 의미였습니다.

힌두교에서 파생된 자이나교에서도 뱀사다리 게임을 즐겼는데, 이 게임은 조금 더 종교적인 의미를 지녔다고 합니다. 종교적 교리를 대중에게 쉽게 이해시키기 위해 등장한 이 뱀사다리 게임은 인도가 영국식민지가 되면서 영국으로 건너갑니다. 게임이 워낙 도덕성을 중시하는 것이었으니 영국에서도 무리 없이 수용되었지만, 의미는 살짝 바뀝니다. 종교적이고 도덕적 미덕을 이끄는 상징인 사다리는 현실적 성공과 우아함을 이끄는 지름길을, 타락을 상징하던 뱀은 질병과 가난의 사신으로 의미가 변형됩니다.

재미있는 것은 1943년 미국의 밀튼 브래들리라는 회사가 이 뱀사다리 게임을 새롭게 만들었는데, 그 이후 게임에서는 뱀이 사라지게 되었고, 이에 따라 자연스럽게 종교적인 의미도 자취를 감추게 되었다는 것입니다. 그리고 현재 세계적으로 퍼져 있는 사다리 게임은 브래들리사의 게임을 기본으로 하고 있습니다. 그래서 현재 대부분의 나라에서는 종교적, 도덕적 목적이 아니라 그저 숫자 더하기의 개념을 익히는 교육적 용도로 게임이 존재하고 있다고 합니다.

나도 모르게 차별을 배워버렸다

. . .

그러니까 뱀사다리 게임에서 도덕이니 종교니 선과 악의 가치니 이런 것은 이제 거의 찾아보기 어렵게 되었죠. 그런데 우리가 주사위를 굴리며 울고 웃었던 뱀주사위놀이는 어떤가요? 사회에서 요구하는 선과 악의 가치판단적인 요소가 듬뿍듬뿍 배어 있네요.

한번 볼까요. 고속도로를 타고 위로 가장 많이 점프할 수 있는 건 간첩을 삽았을 때로, 54칸의 전진이 후하게 주어집니다. 그리고 뱀을 타고 가장 많이 아래로 떨어지는 건 돈을 훔치는 도둑질을 했을 때이네요. 소매치기는 무려 53칸이나 되돌아가야 합니다. 그러니까 간첩을 잡으면

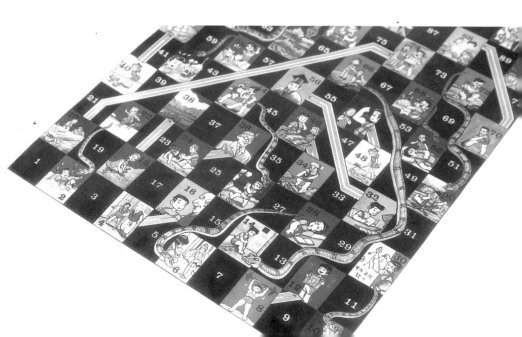

과정의 절반 이상을 전진하고, 도둑질을 하면 반대로 절반 이상 되돌아가야 하는 거죠.

1970, 80년대 군사정권 시대에 아이들에게 철저한 반공정신, 다시 말해 북한을 적대시하고 극혐오의 집단으로 만드는 데 일조했다는 것에 대한 논의도 있었지만, 중요한 것은 다른 나라에서는 많이 사라진 도덕적이면서 사회 가치적인 의미가 우리의 뱀주사위놀이에는 보란 듯이 담겨 있었고, 아이들은 이 게임을 하면서 알게 모르게 이 가치관을 받아들였다는 점입니다.

게다가 놀이판에서 뱀과 짝지어져 있던 것들은 온통 해서는 안 되는 것들, 나쁜 것들, 그리고 이 세상에서 없어져야 하는 것들이었습니다. 작게는 벽에 낙서를 하고, 불장난을 하고, 공부를 등한시하는 것부터 시작해서 구타와 절도에 이르는 범죄 행위에 해당하는 것까지 포함하는, 그야말로 어린 시절에 생각할 수 있는 모든 도덕적인 죄악들이었죠. 그리고 친절하게도 나쁜 짓을 하면 이에 해당하는 불행한 결과를 맛볼 거라고, 그림을 곁들어 알기 쉽게 말해주었습니다.

그러니 따분하게 도덕 교과서를 볼 필요도 없었습니다. 그저 주사위를 굴리는 것만으로도 우리는 뱀이 가르쳐주는 나쁜 짓을 해서는 안 된다는 것을, 알게 모르게 머리에 집어넣고 있었으니까요. 마치 교회의 스테인드글라스나 절의 탱화를 보다 보면 무엇을 해야 하는가를 저절로 깨닫게 되는 셈이라고 할까요.

메두사가 뭘 했다고

. . .

뱀주사위놀이만이 아닙니다. 우리가 쉽게 접하는 여러 신화도 뱀은 무서운 대상이며 가까이해서는 안 되는 나쁜 짓을 하는 놈이라고, 대놓고 우리의 무의식에 확성기를 대고 외치고 있습니다. 그럼 먼저 그리스 신화로 가볼까요.

그리스 신화에서 뱀의 모습, 그것도 끔찍한 모습으로 우리가 만날 수 있는 대표적인 캐릭터는 메두사입니다. 메두사는 머리카락 한 올 한 올이 뱀인 괴물이죠. 그런 무서운 모습의 그녀는 눈을 마주치는 사람이든 짐승이든 모든 것을 돌로 만들어버리는 무서운 괴물입니다. 결국 이 괴물은 영웅 페르세우스에게 목이 잘려 죽게 되는데, 페르세우스는 메두사를 직접 쳐다보지 않기 위해 방패로 비추어가며 그녀의 목을 잘랐습니다.

'이런 메두사는 얼마나 끔찍한 얼굴을 한 괴물이었을까' 하고 아마 많은 화가들이 관심을 가지고 있었나 봅니다. 너도 나도 이렇게까지 징그럽고 끔찍한 얼굴은 없을 거라며 경쟁하듯 그려댔을 정도였으니까요. 목이 잘린 상태에서도 쉭쉭 소리를 내며 독을 뿜고 있는 듯한 얼굴의 뱀 머리카락을 강조해서 그리기도 했습니다.

그리스 신화를 읽었던 사람이라면, 그리고 아직은 메두사 이야기를 기억하고 있는 사람이라면 모두 메두사가 괴물이라고 알고 있습니다. 물론 당연하겠죠. 신화 속에서 영웅이 퇴치하는 것은 괴물이니까요. 그리고 괴물은 어차피 제거되어야 할 대상입니다. 왜냐고요? 나쁜 짓을 하니까요. 메두사도 사람들을 돌로 만드는 짓을 하니까 당연히 제거해야 할 대상입니다.

그런데 많은 사람들은 왜 메두사가 괴물이 되었는지 모릅니다. 심지어 메두사는 그냥 처음부터 괴물로 태어난 것이라고 알고 있는 사람이 대부분입니다. 그런데 정말 그럴까요? 정말 메두사는 태어날 때부터 악행을 저지르는 흉측한 모습의 괴물이었을까요?

우리가 아무런 의심도 하고 있지 않은 이 사실을 밝혀보기 위해, 현재 세계에서 가장 대표적으로 읽히는 그리스 신화를 정리한 토머스 벌핀치 Thomas Bulfinch의『그리스 로마 신화』에 나온 메두사가 괴물이 된 이유를 한번 보도록 하죠.

● ● ● ●
이탈리아 화가 미켈란젤로 메리시 다 카라바조 (Michelangelo Merisi da Caravaggio)가 1595년에 그린 <메두사>. 목이 잘려 피가 솟는 메두사가 어딘가를 노려보는 모습인데 왠지 남성적인 느낌이다.(이탈리아 우피치 미술관 소장)

메두사는 얼굴도 아름다웠지만 특히 머리채가 곱기로 소문난 아름다운 아가씨였습니다. 그런데 자신의 아름다움에 너무 취해버렸던 탓일까요, "아테나의 머리카락도 내 머리카락만큼이나 아름답지는 않을 것이야"라고 말해버리고 말았습니다.

전쟁의 신이기도 했고 질투심도 강했던 아테나 입장에서 보자면 감히 여신인 자신과 아름다움을 비교하는 메두사를 용서할 수가 없었습니다. 그녀는 메두사의 아름다움을 빼앗아버리고는 머리카락 한 올 한 올을 쉭쉭 소리를 내는 뱀으로 만들어 버렸습니다.

메두사는 이렇게 아테나 여신의 분노에 의해 무시무시한 괴물이 되었는데, 그 모습은 사람이든 짐승이든 한 번 보기만 해도 모두 돌이 되어버릴 만큼 무서웠습니다. 어떤가요? 이야기를 듣고 보니 메두사도 처음부터 괴물이 아니었네요. 오히려 여신들과 비교될 정도로 아름다웠답니다.

고대 로마의 시인인 오비디우스Publius Ovidius Naso는 그리스 신화에서 나오는 변신에 관한 이야기를 정리한 책『변신 이야기』에서 메두사가 괴물이 된 이유를 벌핀치와는 조금 다르게 설명하고 있습니다.

최초의 바다의 신 폰토스와 대지의 신 가이아의 자식인 포르키스, 그리고 그의 여동생 케토 사이에 태어난 딸인 고르곤 세 자매는 원래는 매우 아름다운 소녀들이었죠. 특히 세 자매 중 아름다운 머릿결을 지니고 있던 메두사는 바다의 신 포세이돈의 총애를 받고 있었습니다. 포세이돈은 제우스만큼은 아니지만 상당한 바람둥이어서 많은 여인, 여신, 요정들과 관계를 맺고 있었습니다. 메두사는 그 중 한 사람이었죠.

하지만 포세이돈은 이미 결혼을 한 몸. 당연히 메두사는 포세이돈의 아내인 암피트리테로부터 미움을 사게 되었죠. 그 뿐만이 아니었습니다. 메두사는 포세이돈과 함께 신성한 아테나 신의 신전에서 관계를 맺는 대죄를 범했습니다. 자신의 신전을 더럽힌 죄를 물어 아테나 여신은 그녀를 두 번 다시 쳐다볼 수 없는 끔찍한 모습으로 바꿔 놓았죠. 그리고 이 일에 대해 항의한 그녀의 두 언니들도 같은 모습으로 바뀌게 됩니다.

벌핀치와 마찬가지로 오비디우스 역시 메두사는 태생부터 괴물이 아니라고 말합니다. 오히려 그녀는 정말 아름다운 여인이어서 아름다움에서는 많은 여신 중에 뒤지지 않을 정도였답니다. 그래서 아테네 여신의 질투를 사고, 바다의 신인 포세이돈이 무서운 부인의 눈을 피해 사랑을 나누고자 했을 정도였다고 말입니다.

아테나 여신은 질투의 끝판왕?

. . .

메두사가 괴물이 된 연유는 여신 아테나의 미움을 샀기 때문이지 다른 것은 없습니다. 벌핀치에 따르면 아름다움을 과시하려는 마음에서 아테나보다 자신이 아름답다고 이야기하고 다니는 메두사에게 여신이 벌을 준 것이라고 합니다. 메두사가 자신의 아름다움에 취하여 신을 모욕하는 죄를 지었다고나 할까요.

그러니까 가장 아름다운 여성 하나가 자기보다 조금 더 힘이 센 다른 여성에 의해서 괴물이 된 셈인데, '조금 살살 해주지'란 생각을 지울 수 없네요. 가볍게 징역 몇 년 정도나, 강제노역 몇 년 정도로 말이에요.

문제는 그게 하필이면 괄괄하고 극단적인 성격의 인물이기도 한, 전쟁의 여신이었던 아테나가 상대였다는 사실입니다. 하지만 이런 남성 같은 아테나는 자신의 미모에 대해서는 누구보다 높은 프라이드를 지니고 있었고, 그래서 경쟁에서 지면 못 견딜 만큼 시기심도 강했습니다. 경쟁에서 지기 싫어하는 성격이 바로 전쟁의 여신이 가져야 할 특성일지도 모르지만 말입니다.

경쟁에서 지기 싫어하고 경쟁자를 극단적인 방법으로 벌주려 했던 그녀의 성격은 거미의 유래를 말하는 신화에서도 드러납니다. 아라크네리는 여성은 베짜기와 자수의 명수여서 사람들의 칭찬이 자자했습니다. 그러다 보니 그녀는 점차 자신의 실력을 과시하고 싶은 맘이 들었습니다.

"나의 솜씨는 여신 아테나보다 뛰어날 거야. 여신이 나에게 이길 자신이 있다면 한번 겨뤄보는 것은 어떨까."

아라크네의 자만심에 화가 난 아테나는 할머니로 변신하여 찾아갑니다.

"인간이 신과 비교를 하여 신의 능력을 가늠질하려는 것은 좋지 않네. 그건 신을 욕되게 하는 짓이야. 아테나 여신께 용서를 구하게나."

하지만 아라크네는 그 말을 듣지 않았고, 아테나 여신은 본래 모습으로 돌아와 그녀와 시합을 벌이게 됩니다. 시합에서 아테나는 자신과 포세이돈이 아테네를 두고 겨룬 승부에서 승리한 모습과, 신에게 대항한 인간들이 벌을 받는 장면 등을 수놓아 아라크네에게 포기하라는 경고를

1861년 간행한 단테의 『신곡』 중 '지옥편'에 삽화로 그려진 아라크네. 뒤집어진 모습으로 거미가 된 아라크네의 모습이 왠지 연민을 자아내기도 한다.

하였습니다. 한편 아라크네는 자신의 직물에 제우스와 여러 신들의 문란한 성생활을 뛰어난 솜씨로 보란 듯이 수놓습니다.

"너의 솜씨는 분명히 매우 뛰어나구나. 하지만 신들을 웃음거리로 만드는 너를 도저히 용서할 수 없다."

아라크네의 작품에 모욕과 분노를 느낀 아테나는 북으로 직물을 찢어버립니다. 그리고 아라크네에게서 이번 경쟁의 기억을 지워버리고 신들을 모욕한 행위에 대해 부끄러워하도록 스스로 자신의 이마를 북으로 때리게 만듭니다. 아라크네는 그 부끄러움을 참지 못해 결국 목을 매고 말죠. 그때서야 아라크네를 불쌍히 여긴 아테나는 그녀가 영원히 실을 잣도록 그녀를 거미로 만들었고, 그녀의 목에 매어 있던 밧줄은 거미줄이 되도록 했습니다.

아테나는 아라크네와의 경쟁에서 패배한 것이 분명합니다. 그래서 너무 분한 거죠. 비록 지혜의 여신이라고도 알려진 아테나이건만, 이렇게 감정이 폭발할 때는 자신을 다스리지 못하는 측면이 있는 것을 보면 지혜도 감정을 조정하는 데에는 크게 기여를 하지 못하는가 봅니다.

신의 미움을 산 자, 공포의 대상이 되리니

• • •

재미있는 건 우리가 생물에 공포를 느끼는 대표적인 공포증 두 개인 뱀과 거미 공포증 모두에 아테나가 이래저래 얽혀 있다는 점입니다. 독이 있는 생물은 세상에 많이 있지만 우리는 유독 '독거미, 독사'라는 식으로 뱀과 거미 앞에 '독'을 붙입니다. 벌의 침에 독이 있지만 우리는 독벌이나 독말벌이라 부르지 않고, 복어에 독이 있지만 독복어라 부르지 않고, 독성이 있는 해파리라도 굳이 독해파리라 부르지 않습니다. 그러고 보면 거미나 뱀에 대해 유난스레 독을 강조하는 명칭을 부여하는 것만 봐도 얼마나 이들을 싫어하는 것인지 알 수 있습니다.

독이라는 접두사가 나와서 여담이지만 독수리는 독이 있는 수리란 뜻이 아닙니다. 독수리는 매나 수리와 비슷하지만 뒷머리가 벗겨져 살이 비치고 목도리를 두른 것 같은 솜털이 있어서 '머리가 벗겨진 수리'의 의미로 '털 빠질 독禿'이라는 한자가 앞에 붙었을 뿐입니다. 물론 이놈도 독사나 독거미만큼 무서운 놈이긴 하지만요.

메두사나 아라크네의 이야기를 읽으면 우리에게 공포의 대상이란, 신의 벌을 받은 대상이라는 등식이 성립합니다.

[신이 미워한 대상 = 죄를 지은 자]

[벌의 결과(뱀과 거미) = 공포의 대상]

    완전한 존재인 신이 내린 벌을 받은 대상은 결국 신과 대척점에 있는, 신으로부터 버림받은 대상이 되고 맙니다. 아무리 아테나가 죽은 아라크네가 불쌍해서 거미로 만들었다는 이야기를 읽었다 해도 거미가 인간에게 동정의 대상이 되지도 못할 뿐만 아니라, 여전히 공포의 대상일 뿐

• • •

뱀도 그렇지만 거미도 공포의 대상이라 그런지 장난감으로 곁에 두기는 힘든 존재다. 그나마 스파이더맨이 활약해주는 덕분에 가끔이라도 거미를 재미의 대상으로 느낄 수 있게 됐다.(www.flickr.com/Photograph by Emilio Labrador)

입니다. 그런데 신보다 잘났다고 생각하는 게, 그러니까 이런 것으로 벌을 받는 게 정말 당연한 일이어야 할까요?

인간이 자신의 미모가 뛰어나다고, 자신의 능력이 뛰어나다고 자랑하는 것은 인간의 자연스런 심리일 겁니다. 이런 욕망이 만일 잘못된 것이고 벌을 받아야 한다면, 미스코리아 선발대회에 나오는 미녀들은 겸손을 모르는 막돼먹은 여성으로 혼쭐이 나야 하고, 올림픽대회에서 서로의 기량을 겨루는 선수들은 남을 짓밟고 우쭐대며 시상대에 올라가다 넘어져서 모두 코가 깨져야 할 것이기 때문이죠.

서열의 금기를 깨면 공포가 시작된다

. . . .

신화는 우리 인간에게 이렇게 말하고 있는 건 아닐까요?

'인간들이여. 인간을 상대로는 겸손할 필요는 없다. 하지만 신 앞에서는 항상 겸손하도록 해라. 그렇지 않으면 벌을 받을 것이니라.'

신화 속에서 신은 인간에 대해 항상 자신의 앞에서는 머리를 숙일 것을 요구하며, 자신을 뛰어넘으려고 시도하는 인간을 용납하지 않습니다. 하긴 만일 인간이 신을 뛰어넘는다면 인간은 더 이상 인간으로 존재하지는 않을 테지만요.

심지어 신은 자신의 수준에 인간이 가까이 다가오는 것조차 용납하지 않습니다. 신은 인간과 맞담배를 태우고 친구처럼 술잔을 기울이는 상황을 원하지 않는 거죠. 그래서 신화는 언제나 신과 인간의 서열관계가 파괴되는 것을 막으려고 노력합니다. 서열이 파괴되고 신과 인간이 동등해진다면 인간도 신화 속에 등장하는 신이 되고 말 것이고, 그러면 신화神話가 인간화人間話가 되고 마니 절대로 있어서는 안 되는 일입니다. 그래서 신은 인간이 사는 곳보다 높거나 낮은 곳, 즉 인간이 갈 수 없는 곳에 살아야 하고, 인간이 먹을 수 없는 것을 먹어야 하며, 인간에겐 불가능한 능력을 가져야 하고, 인간과 다른 방법으로 자녀를 만들어야 하는 겁니다.

그런데 이 서열관계는 신들의 세계에서도 마찬가지로 적용됩니다. 다신교에서 하급신은 상급신을 뛰어넘거나 동등한 존재가 되어서는 안 됩니다. 일신교에서 인간과 신과의 관계가 서열적인 것과 마찬가지죠. 부모가 자녀와 아무리 가깝게 지낸다 해도 서열이 흐트러지면 가정의 질서와 사회의 질서가 모두 무너지는 것과 같습니다. 서열관계는 의무와 책임이 포함되어 있으므로 부모는 아이를 양육하고 아이는 부모의 말에 따르는 것이니까요.

그러니 메두사와 아라크네가 들려주는 신화 이야기는 우리에게 서열관계를 흐트러뜨리는 것에 대한 죄는 엄청난 대가를 치른다는 것을 들려줍니다. 그 대가는 상상할 수 없을 만큼 흉측하고, 접근할 수 없을 만큼 무시무시한 공포의 모습입니다. 그 공포를, 신화를 읽으면서 아이들은 의식 깊숙한 곳에 집어넣습니다. 공포는 위아래를 무시한, 금기를 무시한, 그리고 무엇보다 자신이 누구인가를 잊어버리는 순간 찾아온다고, 그저 신기한 판타지의 얼굴을 하고 신화는 속삭이고 있는 것이죠.

뱀은 악마가 확실합니다!

. . .

뱀은 확실히 공포의 대상입니다. 인간이 느끼는 뱀에 대한 공포심이 인류 탄생의 순간부터 생물학적 유전자에 담겨 있었던 것인지, 아니면 진화심리학자들의 의견처럼 독사에 대한 방어적 차원에서 생존전략으로 인간이 습득한 것인지, 아니면 정신분석학자인 칼 구스타프 융Carl Gustav Jung이 말하는 것처럼 집단적 무의식으로 전수되어 온 것인지 아직 정확히 그 이유를 알 수는 없지만요. 현재로는 그저 이런저런 설이 난무할 뿐이고, 아마 이유가 밝혀진다 해도 우리는 여전히 뱀을 무서워할 것임에 틀림없습니다.

물론 신화가 뱀 공포증을 유발한다는 설도 있습니다. 아이가 태어나면 아주 어렸을 때부터 접하는 그림책, 장난감, 만화, 애니메이션, 동화 등에 뱀은 무서운 존재로 등장하고, 이것이 아이에게 특정한 공포의 상징으로 고착화되어 성인이 되어서도 뱀을 무서워한다는 설에서 파생된 것이죠. 어렸을 때 접하는 많은 콘텐츠는 신화나 판타지였으니 그런 설이 나온 것도 자연스러운 흐름입니다.

그래서 그럴까요. 우리가 접하는 콘텐츠에는 기본적으로 뱀은 무서운 존재, 못된 존재, 나쁜 존재, 없어셔야 하는 손재로 자주 등장합니다. 만화나 애니메이션에 등장하는 악마 캐릭터는 얼굴이 뱀을 닮았고, 뱀처럼 혀가 두 갈래로 갈라져 있습니다. 인간을 현혹시키고 속이는 사람도 뱀처럼 혀를 날름거리면서 세모난 얼굴을 하고 있고요. 뱀은 탐험가를 괴롭히고 방해하고 착한 사람을 물어 죽이거나 심각한 부상을 입힐 뿐 아니라, 숲 속의 착한 동물을 잡아먹고 괴롭히는 존재로도 자주 나옵니다.

아이들은 이런 콘텐츠를 접하면 접할수록 뱀이 싫어집니다. 싫어하니 뱀에 대해 좋은 평가를 내릴 순 없겠죠. 그리고 자신이 뱀을 싫어하고 무서워하는 이유를 금방 발견하게 됩니다.

"아하! 맞아. 내가 뱀을 싫어하는 건 뱀이 나쁜 놈이기 때문이야."

아이들의 생각이 단순해서 그렇다고요? 아닙니다. 이게 인간이 선과 악을 판별하는 가장 기본적인 패턴입니다. 인간은 모두 이렇게 생각하는 경향을 가지고 있습니다. 내가 싫어하는 것은 나쁜 것이고 옳지 않은 것이라는 거죠. 이와는 반대로 내가 좋아하는 것은 좋은 것이고 옳은 것이라는 생각도 마찬가지입니다. 영어 단어를 가지고 설명하면 조금 이해하기 쉬워질 수도 있습니다.

like(좋아하는) = good(좋은) = right(옳은, 선)
dislike(싫어하는) = bad(나쁜) = wrong(옳지 않은, 악)

물론 이 연결고리의 흐름은 반대로도 이어집니다. 우리는 선한 것은 좋은 것이고 그래서 좋아합니다. 반대로 악한 것은 나쁘니 싫어하고요.

조금 더 나아가 선한 것은 좋아해야만 하고, 악한 것은 싫어해야만 한다고 교육을 받죠.

싫어하니까 악하다고 생각하는 건지, 아니면 악하다고 배워서 그걸 싫어하는 건지, 그 순서를 정하기는 모호합니다. 아이들은 콘텐츠를 보며 싫어하는 마음이 들었다가 이게 악하다는 의미로 연결되는 고리를 깨닫는 한편, 부모와 선생님으로부터 악은 멀리하고 싫어해야 할 것으로 교육을 받는, 이른바 더블 펀치를 맞으면서 '싫다=악하다'의 연결고리를 강화시키고 있는 셈이죠. 그리고 이 더블 펀치에 마지막 한 방을 집어넣는 것이 바로 신화가 알려주는 악의 상징적 이미지입니다.

악마의 전형을 보여준 티폰

. . .

'뱀은 악마다. 그래서 나는 뱀이 싫다.'

이 단순한 연결고리를 만들기 위해서 신화는 아주 간단한 장치를 개발합니다. 신의 적대자로서의 역할에 뱀을 집어넣는 것이죠. 그러면 자연스럽게 선을 행하는 신에게 대적하는 뱀은 악의 상징이 됩니다. 그리스 신화에서 가장 강하고 무서우며 엄청나게 큰 거인이었던 티폰이 그 대표적인 주인공이라 할 수 있습니다.

티폰Typhon은 머리에서 허벅지까지는 인간이지만 사람 머리 대신 눈에서 번갯불과 불꽃을 내뿜을 수 있는 100개의 뱀 머리가 붙어 있고, 허리 아래로는 똬리를 튼 거대한 뱀의 모습을 하고 있었으니 그야말로 거대한 '뱀의 화신'의 모습을 하고 있습니다. 날개가 달린 어깨는 하늘에 닿고, 100개의 머리는 우주에 있는 별을 스치며, 두 팔을 벌리면 세계의 동쪽과 서쪽의 끝까지 닿으니 엄청난 크기입니다. 그가 날개를 펼치면 태양빛이 가려져 세계가 어둠에 잠겨야 했다고 하네요. 또한 산과 땅을 찢고 하늘을 가를 정도로 힘이 세었고, 불을 뿜으면 그 어떤 것도 다 태워버릴 수 있어서 아무리 신이라 해도 감당해내기 어려웠습니다. 그런 티폰이 지나간 자리에는 나무들이 부러지고 흙이 파헤쳐지는 등 모든 것이 파괴되어 그림자조차 남지 않을 정도였습니다.

이런 티폰의 모습을 상상해 보자니 지금 우리가 흔히 생각하는 악마의 이미지와 거의 비슷하지 않나요? 아마도 고대 그리스에서는 이보다 더한 악마는 생각할 수 없었을 겁니다. 그래서일까요? 그의 이름은 후대에 영어 태풍Typhoon의 어원이 되었습니다. 결국 우리 인간은 지금까지도 그를 두려워하고 있는 셈이네요.

이 정도만 해도 충분히 악의 수장 반열에 오를 만한데, 그는 제우스와 적대적 관계로 싸움을 벌이게 됩니다. 대지의 여신 가이아는 제우스가

・ ・ ・ ・

기원전 540~530년경의 것으로 추정되는, 제우스와 티폰의 싸움이 그려진 그릇. 크기나 위세로 보아 티폰이 훨씬 강해 보인다. (뮌헨 고전예술박물관 소장)

크로노스를 물리치고 신들의 지배자 자리에 오르자 이에 분노하여 크로노스의 원수를 갚기 위해 타르타로스와 관계를 맺어 그녀의 마지막 자식인 티폰을 낳았습니다.

여기서 중요한 것은 티폰은 대지의 여신 자식이며, 그 대지의 여신이란 모든 것을 베풀어주는 풍요로운 신이라는 점입니다. 그리스 신들의 출발점이었던 어머니 대지의 여신 가이아가 신들을 벌하기 위해 낳은 티폰은 인간에게는 그야말로 악마였던 셈이죠. 사랑의 신인 동시에 증오의 신이기도 한 것입니다.

모든 것을 감싸고 풍요를 제공해주는 어머니와, 모든 것을 파괴하고 삼켜버리는 어머니라는 대비적인 이미지는 정신분석학자 융에게 태모太母, Great Mother라는 원형의 원천을 제공하게 됩니다. 대지는 우리에게 모든 것을 주지만 지진, 화산의 모태이기도 하고 인간이 죽으면 돌아가는 곳이기도 하니까요.

가이아의 아들 티폰은 제우스를 타도하기 위해 올림포스 산으로 쳐들어가지만 그를 두려워한 신들은 모두 도망을 갑니다. 결국 티폰에게 붙잡힌 제우스는 그에게 힘줄을 잘려 꼼짝도 못하게 됩니다. 하지만 헤르메스가 힘줄을 찾아줘 제우스는 이를 다시 몸에 붙인 뒤에 티폰의 머리를 번갯불로 맞추고, 에트나산을 그의 머리 위로 던져 대지의 깊은 심연 속으로 가두어 버립니다. 결국 티폰은 어머니 품으로 다시 돌아간 꼴입니다. 그 후 인간들은 지진과 화산의 분화가 티폰이 지하에게 분노의 몸부림을 하기 때문에 발생하는 것이라 생각하게 되었습니다.

티폰이 신화적 악마의 전형이 되면서 비슷한 이미지의 악마는 어둠과 죽음을 몰고 다니며, 빛과 태양신의 적이며, 땅과 하늘에 재앙을 불러일으키고, 질서를 교란시키며, 나약한 인간을 위협하고 벌을 주는 존재로 정착됩니다. 이 티폰은 또한 상반신이 여자이고 하반신이 뱀인 괴물 에키드나와의 사이에서 다양한 괴물들을 낳았습니다. 우선 앞쪽은 사자, 뒤쪽은 큰 뱀, 가운데는 숫염소의 모습을 한 괴수 키마이라와 아홉 개의 목을 가진 거대 물뱀인 히드라를 낳았습니다. 그리고 세 개의 머리에 꼬리는 뱀이고 턱 주위에도 무수한 독사 머리가 나 있는, 저승세계의 입구를 지키는 개인 케르베로스를 낳았으니 그야말로 뱀과 관련된 괴물들의 진정한 아버지인 셈이죠.

나의 유혹에 당할 자 있으랴

. . .

그리스 신화 속의 티폰이 겉모습, 즉 형상적인 면에서 악마의 표준형을 보여주었다면, 악마가 지니는 비가시적 속성인 인간과의 관계성을 통해 악마의 내면을 알게 해준 것은 성경 속에 등장하는 뱀이라 할 수 있습니다.

티폰과 더불어 뱀이 악마라는 신화 이야기로 기독교 성경의 창세기 편만큼 임팩트가 강한 것은 없을 터. 아마 많은 사람들이 이미 알고 있는 이야기일 겁니다. 야훼가 만든 들짐승 가운데 가장 간교한 뱀은 에덴 동산의 여자, 즉 이브에게 동산에 있는 나무 열매를 먹어도 죽지 않을 뿐만 아니라 눈이 열려 하느님처럼 되어 선과 악을 알게 될 것이라고 유혹합니다.

나무 열매가 너무 먹음직스러운데다가 슬기롭게 해줄 거라고 생각하니 탐이 났던 이브는 하나를 따먹고는 아담에게도 건네주어 같이 먹습니다. 그러자 그 둘은 눈이 열려 자기들이 알몸인 것을 알고, 부끄러움에 나뭇잎을 엮어서 몸을 가렸죠.

야훼는 그들이 명령을 어긴 것을 꾸짖었습니다. 아담은 이브가 주었기 때문에 먹었다고 하고, 이브는 뱀이 꾀어서 그렇게 되었다고 합니다. 그 말을 듣고 야훼는 뱀에게 말합니다.

네덜란드 화가인 휘호 판 데르 후스(Hugo van der Goes)가 1470~1475년에 그린
<인간의 타락>. 이브를 유혹하는 뱀은 손과 다리가 달려 있는, 마치 인간 얼굴을
한 도마뱀처럼 묘사되어 있다.(빈 미술사박물관 소장)

"네가 이런 일을 저질렀으니 너는 모든 집짐승과 들짐승 가운데에서 저주를 받아 네가 사는 동안 줄곧 배로 기어 다니며 먼지를 먹으리라. 나는 너와 그 여자 사이에, 네 후손과 그 여자의 후손 사이에 적개심을 일으키리니 여자의 후손은 너의 머리에 상처를 입히고 너는 그의 발꿈치에 상처를 입히리라."

그리고 아담과 이브는 에덴동산에서 쫓겨나게 되죠. 그런데 창세기의 이야기에서는 '뱀=악마'의 분위기가 티폰만큼 확연히 드러나 보이질 않네요. 파괴적이고 흉악한 외모를 하고 있는 분위기도 아닙니다. 그렇다면 성경 속의 뱀은 티폰과 같이 세상을 휩쓸고 파괴하고 다니는 악행에 의해서가 아니라, 신의 말에 거역하는 자, 인간을 타락시키는 자로써 존재론적 측면에서의 악마적 상징이라고 보아야 합니다.

성경에서 뱀은 들짐승 중에 간교한 놈이며, 결국은 신의 노여움을 사서 다리를 잃어버리는 끔찍한 모습으로 바뀝니다. 메두사나 아라크네의 이야기 흐름과 비슷하네요. 지금과 같이 징그러운 모습을 지닌 뱀이 탄생한 이유를 설명하고 있는 셈인데, 그렇다면 처음에는 뱀도 다른 들짐승처럼 네 발로 걷는 동물이었을 가능성이 큽니다. 아니, 분명히 그랬을 겁니다. 그래야 뱀에게 다리가 없다는 것이 벌이 될 테니 말이죠. 실제로 많은 화가들이 에덴동산의 뱀에게는 다리가 있었다고 우리에게 그림으로 보여주고 있습니다.

악마의 힘은 욕망을 부추기는 속삭임에서

• • •

게다가 창세기 3장은 왜 우리가 뱀을 싫어하게 되었는지를 정확히 알려줍니다. 선악과를 인간에게 먹게 한 죄로 아담과 이브의 후손들, 즉 인간이 뱀에 대해 적대심을 가지게 될 것이라는 사실을 말이죠. 그리고 뱀과 인간이 서로 잡아먹지 못해 안달이 날 거라고 알려줍니다.

창세기에서 '뱀=악마_{사탄}'라는 등식이 성립하는지 아닌지의 해석이 가능하냐에 대한 논의는 다른 전문가들에게 부탁하기로 하고, 여기에서는 그저 '나쁜 기운을 가지고 있는 악의 성향을 지닌 동물로서의 상징'으로 뱀을 바라보기로 합시다. 그렇다면 이 점부터 생각해보죠. 왜 악의 성향을 나타내는 상징으로 뱀이 선택되었는가? 왜 뱀은 악의 특성 중 하나인 간교함의 대표주자로 발탁되었는가?

그럼 우선 악의 대표주자인 악마를 살짝 스캔해봐야 합니다. 악마는 기본적으로 인간을 타락시키는 존재입니다. 악마의 목적은 인간의 파멸적인 욕망을 부추겨 인간을 파멸시키는 것입니다. 주의해야 할 점은 인간을 결코 모두 죽여 없애려는 것이 아니란 겁니다. 어디까지나 인간을 신의 세계에서 멀어지게 하여 자신의 영역으로 끌어들인 다음, 자신의 밑에 굴복시키려는 것이죠. 신이 인간과 서열관계를 갖듯, 악마도 역시

14세기경에 그려진 것으로
추정되는 이탈리아 시에나
학교의 벽화. 기독교 성경의
요한묵시록에 "대천사 미카
엘과 그의 천사들이 용과 싸
운 것입니다"라는 구절에서
사탄이 용의 모습을 하고 나
타나 천사들과 전쟁을 하는
것으로 표현되었다. 이런 종
교적 관념의 영향으로 동양
에서는 용이 신으로, 서양에
서는 퇴치해야 할 악의 상징
으로 갈라서게 된다.(도쿄 국
립서양미술관 소장)

인간과 서열관계를 맺어 자신의 말을 따르게끔 하려는 것입니다. 신과 악마가 다른 점은 단지 그 지향성, 다시 말해 '선을 지향하느냐, 악을 지향하느냐'의 차이가 있다는 사실입니다.

그럼 인간의 욕망을 부추기는 가장 좋은 방법은 무엇일까요? 바로 인간 가까이 가서 귀에 대고 이렇게 속삭이는 것입니다.

"이렇게 하지 않을래? 이러면 정말 좋을 텐데 넌 왜 그러고 있니?"

팔랑귀인 사람에게는 더욱 효과적이겠죠. 감언이설로 사기를 치려는 사람이라는 걸 알고 사전에 경계심을 가지고 있다고 해도, 우리는 때때로 속아 넘어가곤 합니다. 절대로 자기는 사기는 안 당한다고 큰소리 뻥뻥 치는 사람도 어느 날 사기로 돈을 날렸다고 눈물을 흘리곤 하고요. 그러니 그저 입만 있으면 되는 이 '속삭임'을 통해 욕망을 부추기는 것은, 그래서 가장 기초적인 악의 능력인 셈입니다.

한편, 뱀은 뭔가 말을 하고 싶어 죽겠는지 늘 혀를 날름거립니다. 냄새를 맡는 야콥슨 기관Jacobson's organ이라는 게 입천장에 있어서 혀를 날름거리며 공기 중의 냄새 알갱이를 모아 이 감각기관에 전달하기 위한 것이라는데, 지금은 초등학생용 과학책에 실린 이 사실을 몰랐을 옛 사람들은 아마 '말 못하고 죽은 귀신이 붙어서 혀를 할짝거린다'고 생각했을 거고, 말로 인간을 부추기고 싶어 안달이 난 모습처럼 보였을 겁니다.

게다가 뱀은 혀가 두 갈래로 갈라져 있죠. 한 입으로 한 소리를 하려면 혀도 하나여야 하는데, 뱀은 혀가 갈라졌으니 한 입으로 두 소리를 할 놈처럼 보입니다. '입 하나에 혀 하나'라는 들짐승의 기본 공식을 깬

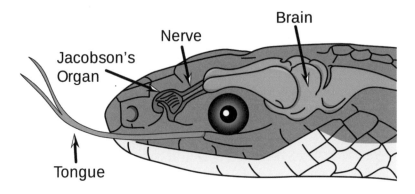

(Illustrated by Fred the Oyster)

이상한 놈이니까요. 누군가는 '도마뱀도 그렇지 않냐'라고 말할 텐데, 맞습니다. 도마뱀과 뱀은 두 갈래 혀를 날름거립니다. 하지만 도마뱀은 멀쩡히 다리가 있다는 사실. 그러니 애초에 에덴동산에 있던 놈은 도마뱀이 아니었거나, 도마뱀이었다가 다리를 잃게 된 놈일 겁니다.

　하지만 세상은 분석에 정통한 사람들만 사는 것도 아니고, 오히려 많은 대중들은 그저 선행되는 이미지를 통해 신화를 받아들이고 그것으로 세상을 바라볼 뿐입니다. 착하게 신의 뜻을 따라 살고 있는 아담과 이브에게 욕망을 부추기는 뱀은 누가 보아도 악마의 하수인이나 악마 그 자체일 수밖에 없습니다. 게다가 쉽게 예상되는 결과를 맞이합니다. 결국 인간은 신이 원하는 기준에서 보자면 '타락한' 존재가 되어 신으로부터 미움을 사버렸으니까요. 그래서 기독교를 믿는 사람이건 아니건, 창세기가 들려주는 신비하고 오묘한 스토리를 알고 있는 한, 뱀은 악마일 수

밖에 없겠죠. 아니면 뱀이 이미 악마라고 생각하고 있던 사람이라면 더욱 확고히 '뱀=악마'의 공식을 완성할 수밖에 없습니다.

어떤가요? 그리스 신화와 성경이 결합하는 순간, 외모부터 성격까지 완벽한 악마로서의 뱀이라는 이미지가 완성되는 느낌이 들지 않나요. 그래서 역시 뱀은 악마일 수밖에 없나 봅니다. 인류는 대대로 뱀이 악마라는 데 동의하고 있었고, 그래서 뱀은 악마의 상징일 수밖에 없습니다. 그러니 우리도 어린 시절 아무런 저항을 하지 않고 받아들였을 겁니다. 우리 선조들이 대대손손 그렇게 해왔듯이 말이죠. 어차피 주사위놀이판에서 아이들에게 나쁜 짓을 하라고 꼬드기는 역할을 누군가 해야 했고, 뱀은 자신의 역할을 충실히 해냈을 뿐이니까요.

유혹의 카사노바에서 귀공자로

. . .

가뜩이나 나쁜 이미지로 가득 차 있던 뱀에게 악마의 화신이라는 결정타를 날린 것이 기독교이긴 하지만, 성경의 어떤 구절에서는 뱀의 간교함을 긍정적으로 표현하기도 합니다.

> "너희는 뱀과 같이 슬기롭고, 비둘기 같이 순진해져라."
>
> (마태복음 10장 16절)

하지만 그렇다 해서 뱀에게 면죄의 기회가 주어진 것도 아니었고, 오히려 유럽을 중심으로 기독교 문화권에서는 '뱀=악마'의 상징성은 한층 더 굳건해집니다. 예를 들어 볼까요. 교회에서 쉽게 눈에 띄는 성모 마리아가 예수를 안고 있는 조각을 보면, 성모가 뱀을 밟고 서 있는 모습으로 자주 등장합니다. 악의 표상인 뱀을 밟고 있다는 것은 악에 대한 승리를 의미함과 동시에, 뱀의 꼬임에 빠져 타락으로 이끌었던 이브와 대비되는 성모를 부각하는 시각적 자극물이 됩니다.

구약성서에서 핵심 인물로 등장하는 두 여성은 이처럼 뱀에 굴복한 자와 뱀을 굴복시키는 자의 이미지로 서로 자리매김을 합니다. 뱀과 여

인이라는 묘한 관계를 연상시키는 이 기독교의 상징은 뱀은 남성, 악, 유혹자로, 여인은 선, 피유혹자라는 이미지를 만들어내죠. 게다가 뱀의 이미지가 지닌 남성 성기의 유사성으로 인해 자연스럽게 음란성이라는 것으로 확대되는 효과까지 만들어졌습니다. 즉, 뱀의 유혹은 성의 유혹이 되기도 하는 것이죠. 그래서 처녀로 예수를 수태한 성모가 성적인 이미지를 배제하고 있다는 점에서 뱀을 짓밟고 있는 성모상은 아주 적절한 표현일 수밖에 없습니다.

하지만 다른 지역의 신화에서는 뱀이 지닌 이 성적인 유혹의 강렬함이 반드시 부정적인 것이라 보지는 않았습니다. 북아메리카 선주민이었던 포모족의 부족 신화를 보면 뱀은 거부해야 할 대상이 아니라 포용해야 할 대상, 인간과 공생해야 할 대상이라는 이야기를 하고 있습니다.

포모족의 한 소녀가 토끼풀을 뜯고 있을 때 그녀를 바라보던 뱀이 그만 사랑에 빠지고 맙니다. 뱀은 그녀의 집까지 따라가서는 인간의 모습으로 변신하여, 가족에게 그녀와 결혼하고 싶다고 청했습니다. 가족은 일단 밤이 늦었으니 하룻밤을 묵고 가라고 합니다. 다음 날 아침, 뱀은 본래 모습으로 돌아가 몰래 집을 빠져 나왔습니다. 하지만 소녀를 향한 마음이 커지기만 할 뿐이어서 뱀은 나흘간 계속 소녀의 집에 찾아갔다가 하룻밤을 머물고 아침에 돌아오기를 반복했습니다.

5일째 밤, 뱀은 자신의 정체를 밝힐 요량으로 아침이 되어 그녀 가족이 일어날 때까지 기다린 다음 결혼을 허락해달라고 말합니다. 가족들은 뱀을 보고는 겁에 질려 도망가지만, 소녀는 지난 나흘간 뱀과 지내면서 사랑하는 마음이 생겼기 때문에 뱀의 아내가 되기로 결심하고 뱀의 집으로 갑니다.

그 후 그녀는 뱀과 살면서 네 명의 아들을 낳았고, 아들들에게 인간은 너희들의 친척이니 절대로 물어서는 안 된다고 일러줍니다. 다른 뱀들에게도 인간은 결코 뱀의 적이 아니라고 말해주죠. 그녀는 나중에 고향 집에 돌아가서 가족들에게 자신이 뱀과 같이 생활한 모든 이야기를 해주었습니다.

밤에 찾아오던 정체 모를 남자

. . .

이 포모족의 신화에서 뱀은 남성으로 등장하여 여자를 유혹합니다. 여자는 낯선 남자인데도 자꾸 만나는 사이에 정이 들었고, 뱀이었다는 사실을 알고도 기꺼이 그의 아내가 되어 뱀의 모습을 한 자녀까지 낳습니다. 이 소녀를 대범하다고 해야 하나, 이상하다고 해야 하나 애매하긴 하지만, 이 신화를 읽다 보면 왠지 우리에게 아주 익숙한 설화 하나가 불쑥 눈앞에 끼어듭니다. 바로 후백제를 세웠던 견훤과 관련된 설화죠.

옛날 광주 북촌에 한 부자가 살고 있었습니다. 그에게는 딸 하나가 있었는데, 자태와 얼굴이 단정했습니다. 그런데 어느 날 그 딸이 아버지에게 놀라운 말을 하는 것이 아닙니까.
"자줏빛 옷을 입은 사내와 잠자리에 들어 정을 통하곤 한답니다."
까무러치게 놀라도 모자란 상황인데도 아버지는 놀라운 냉정함을 유지할 수 있는 인물이었던지 범인 색출에 집중합니다. 그리곤 이렇게 말합니다.
"그러면 네가 긴 실을 바늘에 꿰어 그의 옷에다 꽂아 두어라."
딸은 아버지의 말대로 사내의 옷에 바늘을 꿰어 두었습니다. 다음

날, 날이 밝자 실을 따라가 보았더니 실은 북쪽 담장 아래에까지 이어져 있었고, 바늘은 커다란 지렁이의 허리에 꽂혀 있었습니다. 지렁이가 사내로 변신을 하고는 딸에게 찾아와 정을 통한 것이었습니다. 딸은 이미 임신을 한 몸이었고 사내아이를 낳았는데, 나이 열다섯 살에 자신을 스스로 견훤이라 불렀다고 합니다.

이 설화에서는 낯선 남자가 밤마다 처녀의 방에 찾아옵니다. 기겁을 하고 주변에 알려 몽둥이찜질을 해서 물리쳐야 함에도 불구하고, 어떻게 된 일인지 딸은 남자가 찾아오면 잠자리를 같이 하곤 합니다. 포모족의 소녀처럼 정이 들어서였을까요? 그리고 결국 아들을 낳게 됩니다.

하지만 나중에 알고 보니 남자는 커다란 지렁이였습니다. 커다란 지렁이가 무슨 말일까요. 아마 뱀만큼 큰 지렁이란 뜻일 겁니다. 뱀과 지렁이 모두 다리가 없고 땅을 기어 다닙니다. 그리고 둘 다 그리 좋은 외모를 자랑하는 동물은 아니죠. 하지만 둘 다 몸에 좋다고 일컬어지는 놈들이기도 합니다. 지렁이는 예로부터 토룡土龍이라 불리며 한의학에서는 약재로 사용했고, 현재도 토룡탕이라는 보양식으로 주로 남성들이 이것을 먹기도 하니까요.

견훤 신화와 내용은 동일하지만, 지렁이가 아닌 뱀이 등장하는 이야기가 충남 연기군에 있는 수리산에도 전해 내려옵니다. 수리산에 살던 처녀도 밤마다 찾아오는 남자가 궁금해서 바늘을 옷자락에 꽂아두고 따라가 봤는데, 정상 부근에 바늘에 찔려 죽어 있는 뱀을 발견합니다. 처녀가 낳은 아들은 귀한 사람이 되고요.

수리산 설화에는 지렁이가 아닌 뱀이 등장하지만, 결국 지렁이와 뱀은 같은 상징성을 지녔다는 걸 알·수 있습니다. 그리고 수리산 설화에 나오는 뱀은 남성성을 의미하면서 그 결과로 태어나는 아들은 귀한 사람이나 영웅이 된다는 설정은 자연스럽게 신화와의 연결고리를 갖게 합니다. 즉 뱀이 신이고 그 자녀도 신이라는 의미를 지니는 것이죠.

이렇게 밤에 찾아오는 정체 모를 남자에 대한 이야기는 우리나라에도 많이 있지만, 세계적으로도 많이 퍼져 있습니다. 이런 이야기를 야래자夜來者 스토리로 분류합니다. 밤에 찾아오는 사람이라는 뜻이죠.『고지키古事記』와 더불어 일본의 신화와 역사를 기록한 책인『일본서기』에도 뱀이 바로 신이라는 야래자 스토리가 있습니다.

오래 전 일본 땅에는 물의 신이자 벼락의 신이 살고 있었습니다. 그의 아내는 항상 밤에만 나타나는 남편에게 얼굴을 보여 달라고 졸라댔습니다. 정체를 모르니 답답했던 거죠. 졸라대는 아내의 성화에 못 이겨 남편은 '내일 아침 자신이 화장품 상자 속에 들어가 있을 테니 열어보라'고 한 후, 절대 놀라서는 안 된다고 당부했습니다. 이튿날 화장품 상자를 열어본 아내는 너무나 놀라 대성통곡을 하고 맙니다. 상자에 들어 있던 것은 아주 큰 뱀이었기 때문이죠. 남편은 우는 아내에게 왜 그러냐고 나무라며, 아내를 버리고 산으로 들어가 버렸습니다. 아내는 그가 떠나자 후회를 하면서 스스로 목숨을 끊었습니다.

이 신화를 읽고 '어? 어디서 많이 접한 이야기 같은데'라고 생각했다면 나름 신화를 잘 알고 있는 분임이 틀림없습니다. 그렇습니다. 이 신화는 '밤마다 찾아오는 괴물의 정체를 알고 싶어 촛불을 밝혔다가 괴물이 아니라 사랑의 신 에로스임을 알게 되는 여인의 이야기'인 그리스 신화 '프시케와 에로스'를 떠올리게 합니다. 잘 알려진 '미녀와 야수'의 모티프가 되는 신화죠.

일본의 신화는 이렇게 아예 대놓고 '뱀=신'이라고 말합니다. 여신이 아니라 남신으로 등장하는 것은 앞서 말한 뱀이 지닌 남성성이 반영된 결과이겠죠. 그래서 그런지 일본 신화 속 뱀은, 그리스 신화에 여성 머리카락으로 뱀이 등장하며 나쁜 측면의 여성성을 나타내는 것과는 조금 다른 느낌을 줍니다.

나도 나쁜 짓만 한 건 아니라고

. . .

인간은 모두 회의론자sceptic입니다. 만일 그렇지 않다면 적어도 회의론자가 되려고 노력하는 존재여야 합니다. 당연해 보이는 걸 당연하지 않다고 의심하고 생각하여 끊임없이 또 다른 관점을 발견하고 앞으로 나아가는 회의론자는 절대적인 것보다는 상대적인 것을 찾아내려고 노력하는 사람이니까요.

당연하게 여겨지는 '악한 존재로서의 뱀'. 하지만 과연 그럴까요? 뱀은 악한 존재로만 상징화되어 지금까지 인류와 함께 지내왔을까요? 인류는 독을 지닌 무서운 존재로써의 경외심만을 가지고 있었던 것이었을까요? 자, 이제부터는 회의론자의 뱀을 위한 변명의 시간을 가져보도록 하죠. 신화를 통해서 말이죠.

우리는 일상 속에서 뱀이 지팡이를 감고 있는 이미지를 종종 발견합니다. 지금 확실히 생각이 나지 않는다 해도 어디선가 많이 보던 이미지란 느낌은 있습니다. 맞습니다. 앰뷸런스나 구급약 상자, 의사나 약사의 가운에도 그려져 있으니까요. 알고 보면 병원이나 약과 관련된 기관도 이와 비슷한 이미지를 상징으로 많이 사용하죠. 예를 들어 세계보건기구 마크를 보더라도 지구를 배경으로 뱀 한 마리가 지팡이를 휘감고 있

세계보건기구(WHO)와 미국공중건강센터의 엠블렘

습니다. 때론 지팡이에 두 마리의 뱀이 감겨 있기도 하고요.

　그런데 생뚱맞지 않나요? 지금까지 뱀은 악을 상징하는, 두려움을 상징하는 동물이었는데 갑자기 인간에게 도움이 되는 의료의 상징물로 그려지고 있다는 것이···. 뱀이 의료와 인연을 맺게 된 연유를 알고 싶으면 뱀의 또 다른 얼굴을 발견할 수 있는 신화세계로 떠나야 합니다. 우선 옛날 그리스로 가보죠.

　아폴론 신의 아들인 아스클레피오스는 반인반마半人半馬인 켄타우로스 중에서 의술, 예술, 음악에 능통한 케이론에게 의술을 배웁니다. 아스클레피오스의 의술은 너무나 뛰어나서 죽은 사람도 살려낼 정도였죠. 어느 정도였냐고요?

　"아스클레피오스가 죽어가는 사람을 자꾸 살려내니 저승으로 와야 하는 자가 오지 못하고 있는 상황이 발생했다. 이건 이승과 저승, 신과 인간의 영역을 구분해 다스리고 있는 우리들 신을 넘보는 행동이니 엄격히 다스려야 할 것이 아닌가!"

저승의 신인 하데스가 이렇게 제우스에게 불평을 늘어놓을 정도였답니다. 실제로 제우스는 생과 사의 질서를 어지럽히는 아스클레피오스를 벼락을 쳐서 죽였다고도 전해집니다. 하지만 제아무리 의술의 신이라 해도 죽어가는 사람을 살릴 수는 있지만, 죽은 사람을 다시 살릴 수는 없는 법. 그러자면 이미 저승에 간 사람을 다시 불러오는 것이 되니 정말 불가능에 가까운 것이었죠. 그런데 그에게 시련이 주어집니다.

크레타의 왕 미노스는 자신의 아들 글라우코스가 죽자 아스클레피오스에게 자신의 아들을 살려내라고 합니다. 시신과 함께 그를 돌무덤에 가두고서야 말이죠. 그런데 어떻게 해야 할지 몰라 난감해하는 아스클레피오스의 눈앞에 놀라운 광경이 벌어집니다. 뱀 한 마리가 글라우코스의 시신에 다가오자 그는 깜짝 놀라 뱀을 죽였는데, 다른 뱀 한 마리가 입에 풀을 물고 나타나 죽은 뱀에게 문지르자 방금 전 죽은 뱀이 되살아나는 것이었습니다.

"아, 저 풀을 죽은 사람에게 문지르면 다시 되살아날 수도 있겠구나!"

그렇게 생각한 아스클레피오스가 풀을 글라우코스의 시신에 문지르자 놀랍게도 다시 되살아나는 게 아니겠습니까! 그 후 아스클레피오스는 뱀에게 고마움을 나타내는 마음으로 지팡이를 휘감은 한 마리의 뱀을 자신의 상징으로 삼게 되었습니다. 이후 이 상징은 '아스클레피오스의 지팡이'라는 이름으로 불리게 되었습니다. 아스클레피오스의 지팡이

. . . .
지팡이에 한 마리 뱀이 감겨 있는
아스클레피오스의 지팡이

는 고대에는 의학의 상징으로 널리 사용됐으나 중세에 들어서는 로마 가톨릭 교회에 의해 사용이 금지되기도 했습니다.

철저한 일신교의 입장에서 보자면 하나님이 존재할 뿐 의술의 신과 같은 존재를 인정할 수 없었을 뿐더러, 뱀이 인간을 위한 좋은 일을 한다는 이미지가 에덴동산에서의 악행과 맞지 않는다고 보았을 것입니다. 하지만 종교개혁을 거치면서 '지팡이+뱀'의 상징이 다시 사용되기 시작했고 현재 많은 국가에서 의료의 대표적인 상징으로 사용하고 있습니다.

한 마리 뱀이 아니라 두 마리 뱀이 지팡이를 감고 있는 이미지는 그리스 신화에 등장하는 헤르메스 신으로부터 나온 것이라 '헤르메스의 지팡이'로 불립니다. 의사들이 입고 있는 가운을 보면 쉽게 찾아낼 수 있죠. 헤르메스는 평소에도 날개 달린 모자와 신발을 신고, 두 마리의 뱀이 감고 있는 지팡이를 지니고 다녔습니다. 그래서 장사꾼의 수호신이기도 했던 헤르메스의 날개 달린 지팡이와 두 마리의 뱀은 상업과 교역의 상징이 되기도 했죠. 우리나라의 많은 의료 관련 단체와 기관에서 이 상징을 쓰고 있는 것은 미국 군의부대의 마크에서 비롯된 것이라고 합니다.

자, 그럼 헤르메스의 지팡이는 그렇다고 치고, 세계보건기구도 인정한 뱀의 의료적인 상징성은 단순히 아스클레피오스의 신화 속 일화에서 출발한 것일까요? 그렇지만은 않습니다. 뱀은 아스클레피오스 이전부터 사람을 고치고 생명을 불어넣어주는 신으로 아주 오랜 옛날부터 의술, 의학, 의료와 깊은 관계를 가지고 있었답니다. 이는 오랫동안 의술이 약초에 의존해왔기 때문입니다. 약초와 같은 식물을 사용한 의술에서 중요한 것은 각각의 약초가 가지고 있는 속성을 잘 알고 있어야 한다는 점이죠. 그런데 뱀은 대지에서 가장 가까운 위치에서 땅을 훑고 다니는 동물이니 사람들은 뱀이 약초에 대해 가장 잘 알고 있는 존재라고 생각했습니다.

난 원래 신이었다니까!

. . .

이제 조금은 뱀에 대해 긍정적인 관점이 존재했다는 걸 알게 되었습니다. 하지만 아직 우리는 뱀이 지닌 신화를 많이 알지 못합니다. 메두사의 저주와 에덴동산의 선악과에 마음을 뺏기고, 대표적인 악마의 하수 캐릭터로 등장하는 뱀의 모습에 경악을 금치 못하면서, 어느샌가 아주 오래된 무의식 속에서 뱀에 대한 경외심조차 사라져버린 지 오래죠. 현대에 와서 경외심은 그저 단순한 공포로 바뀌어 버렸습니다.

경외심을 지녔던 오랜 옛날로 돌아가 보죠. 그럼 아마도 그 경외심 속에 숨겨져 있던 뱀에 대한 숭배의식도 들추어볼 수 있을 것 같네요. 구체적인 인격체로서 신이 등장하기 전으로 우선 가봅시다.

언어가 발달하지 않았던 시기, 인류에게 자연은 있는 그대로의 신이었을 겁니다. 화산의 분화나 해일은 신이 노한 모습이고, 비는 신의 눈물이었겠죠. 인간이 가지고 있지 못한 능력을 가진 동물이나 식물도 신의 영역에 속했고, 마찬가지로 인간의 머리로 이해할 수 없었던 현상은 신의 작업으로 이해되었습니다. 인간 빼고 세상 모든 것에 마치 신이 들어가 있는 것 같다고나 할까요.

모든 생물과 무생물에도 영혼이 깃들어 있다는 애니미즘은 바로 이런 인간의 마음이 만들어낸 산물이었고, 곰도, 독수리도, 나무도, 산도, 바위도 그리고 뱀도 신으로 인식되었습니다. 인간과는 다른 능력을 지녔으니까요. 그럼 뱀은 어떤 신으로 인식되었을까요? 원시시대의 인류는 아마도 뱀의 형태나 습성, 그러니까 눈에 보이는 특징만으로 뱀이 품고 있는 신의 이미지를 만들었을 겁니다. 그럼 우리도 잠시 원시인의 눈으로 뱀을 바라보죠.

우선 뱀은 탈피를 합니다. 이는 마치 나이가 들어 늙어 죽음에 이르렀지만 다시 껍질을 벗고 젊음으로 환생하는 이미지를 주었고, 영원한 생명력의 상징으로 받아들여졌습니다. 게다가 정신분석학에서도 언급되듯이 뱀은 외형이 남성의 성기와 유사했으므로 생명을 만들어내는 근원적 에너지정력를 가진 동물로 취급되었죠. 그러다 보니 야한 만화나 애니메이션에서 여성을 괴롭히는 동물로 뱀이나 뱀처럼 생긴 놈들이 나오는 것도 다 무의식의 발로라고도 볼 수 있습니다. 게다가 동양에서 뱀탕이나 뱀술을 먹는 이유 중에 하나가 바로 위의 생명력과 정력을 향상시키기 위함이라 하니 참으로 질기고 질긴 상징성이기도 하겠네요.

앞서 의술의 신 아스클레피오스에서 약초를 물고 등장하는 동물이 뱀인 이유도 여기에 있습니다. 한번 죽고 다시 태어나는 재생의 능력, 즉 죽은 사람도 다시 살아나는 것이야말로 인간이 가장 손에 넣고 싶어 하는 능력이었습니다. 죽음을 다스리는 사람은 그야말로 무서운 것이 없는 사람이었을 테니까요. 그리고 죽음을 통해 다시 창조재생하는 능력은 신과 동일한 것입니다. 그래서 뱀은 창조와 죽음의 순환을 모두 담당하

자신의 꼬리를 물고 있는 뱀인 우로보로스는 영원회귀를 뜻하는 상징이었으며,
중세시대를 거치면서 점차 꼬리를 무는 뱀으로도 묘사되곤 했다.

는 특별한 존재의 신이었습니다. 이 순환성이 직접적인 이미지로 표현
된 것이 바로 자신의 꼬리를 물고 있는 뱀인 우로보로스일 겁니다.

　'꼬리를 삼키는 자'를 의미하는 우로보로스Ouroboros는 커다란 뱀 또는
용이 자신의 꼬리를 물고 삼키는 형상으로 원형을 이루고 있는 모습의
고대 상징입니다. 우로보로스는 중세 연금술의 대표적인 상징물이 되었
고, 융과 같은 심리학자들은 인간의 심성을 나타낸다고 보았습니다.

　뱀이 순환성의 상징물이 된 것은 탈피 행동을 통해 '낡은 육체를 버리
고죽음 새로운 육체를 얻었다재생'는 이유에서입니다. 결국 탄생을 뜻하는
'입몸의 시작'으로 죽음을 의미하는 '꼬리몸의 끝'를 묾으로써 죽음과 탄생재생
이 이어지게 되는 셈입니다. 그러니 이 신비한 능력을 지닌 뱀은 평범한
동물일 수 없었죠. 사람들은 신 그 자체가 아니면 적어도 신의 부름을
받은 자라 생각했을 겁니다.

풍요와 생명력도 내 관할이었어!

. . .

이 강한 생명력은 풍요의 힘이라고 받아들여지기도 했습니다. 뱀은 정 신분석학의 시조인 프로이트를 언급할 것까지도 없이 아주 오랜 옛날부 터 그 외형적 특징 때문에 남성성의 상징으로 자주 활용되어왔습니다. 고대에서는 생산력을 뜻하는 여성성과 남성성이 에너지의 근원을 나타

. . .

7세기 이전에 창건된 것으로 추정되는 일본에서 가장 오래된 신사인 시마네현 이즈모시에 있는 이즈모타 이샤(出雲大社). 일반 신사와 구별하여 타이샤(大社)라고 부른다. 신사의 앞에 장식되어 있는 것을 시메나 와라고 하는데, 암수 두 마리의 뱀이 엉켜 있는 모습을 형상화한 것으로 알려져 있다.

내기도 했습니다. 또한 10시간 이상 교미를 지속하는 뱀을 보면서 인류가 오래전부터 넘치는 성적인 에너지를 느꼈을 것은 당연한 이치일 겁니다. 일본의 신사에 가면 볼 수 있는 함께 엉켜 있는 커다란 두 줄은 '시메나와'라고 부르는 것인데, 이는 뱀을 신으로 숭상하던 전통으로, 교미를 하고 있는 뱀을 형상화한 것으로 알려져 있습니다.

두 마리의 뱀이 서로 엉켜 있는 모습으로 생명력을 말해주는 신화가 또 있습니다. 바로 중국의 창조신인 복희와 여와가 서로 뱀의 형상을 한 하반신을 비비 꼬아 엉켜 있는 형상입니다.

아주 먼 옛날 하늘을 다스리는 뇌공과 땅을 다스리는 고비라는 형제가 있었습니다. 두 형제는 성격이 정반대여서 형 고비는 인정 많고 착했지만, 동생 뇌공은 성격이 급하고 못된 면이 있었습니다. 그러던 어느 날 사람들이 실수로 제물을 잘못 바치는 바람에 화가 난 뇌공은 분을 참지 못하고 인간 세상에 가뭄이 들게 합니다. 지상의 생명들이 모두 죽어가는 지경이 되자 고비는 이를 지켜볼 수가 없었습니다. 그래서 동생이 다스리는 하늘의 비를 훔쳐서 지상의 생명을 구해주었습니다. 하지만 이 사실을 알게 된 뇌공은 형 고비에게 싸움을 걸었고, 결국 큰 싸움 끝에 고비가 뇌공에게 승리를 거두면서 끝이 납니다. 그리고 싸움에서 이긴 고비는 동생 뇌공을 잡아 큰 쇠조롱 속에 가두었습니다.

한편, 고비에게는 아들 복희와 딸 여와 남매가 있었는데, 고비는

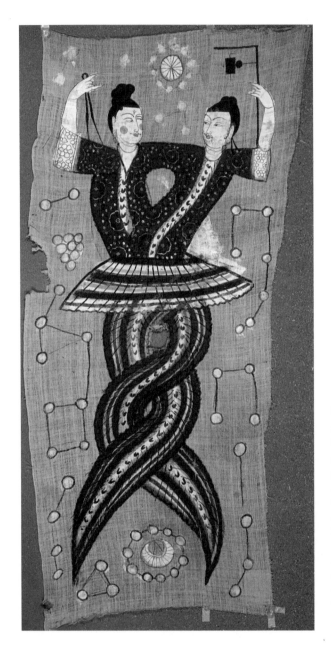

8세기 당(唐)시대의
것으로 추정되는 복
희여와도 투루판 아
스파나 무덤에서 출
토된 것이다. 왼쪽의
여신인 여와는 오른
손으로 컴퍼스 또는
가위를, 오른쪽의 남
신인 복희는 왼손에
측량을 위한 곡척
(曲尺)을 들고 있다.
몸은 둘인데 치마는
하나.(중국 신강위구
르자치박물관 소장)

일이 생겨 집을 비우면서 두 아이에게 "잠시 내가 집을 비우는 사이 쇠조롱에 갇힌 작은아버지 뇌공이 물을 달라고 간절히 부탁을 해도 절대 물을 주어서는 안 된다"고 말을 하고는 집을 떠났습니다. 고비가 집을 비우자 뇌공은 조카 남매에게 애원을 했습니다. "내가 너무 목이 말라 죽겠구나. 나는 이렇게 쇠조롱에 갇혀 있으니 아무것도 할 수가 없는데 무얼 두려워하는 게냐. 제발 물을 좀 다오."

작은아버지의 간청에 마음이 흔들린 남매는 결국 물을 조금 주는 것은 문제가 없을 거라고 생각해서 물을 주고 맙니다. 그러자 물을 마신 뇌공은 힘이 되살아나 쇠조롱을 부수고 밖으로 뛰쳐나왔습니다. 뇌공은 남매에게 고마움의 표시로 자신의 이를 한 개 뽑아주고는 다음에 하늘에서 큰 비가 내리면 이를 땅에 심으라고 말하고 하늘로 올라가 버렸습니다.

하늘로 돌아간 뇌공은 고비와 인간 세상에 복수를 하기 위해 비의 신을 불러 큰 비를 내리게 했고, 세상은 물에 잠기기 시작했습니다. 남매는 큰 비가 내리자 이를 땅에 심었습니다. 그랬더니 이는 순식간에 등나무로 자라 아주 커다란 박 열매가 맺히는 것이 아니겠습니까. 홍수가 더 커지자 남매는 박의 속을 파내고 안으로 들어가 홍수를 피했습니다. 홍수가 끝난 후 남매는 박에서 나왔지만 이미 고비를 비롯해 지상에 살아남은 사람은 한 사람도 없었습니다. 오직 복희와 여와, 두 남매만이 목숨을 부지한 것이었죠. 계속 대를 이어가려면 남매인 복희와 여와가 결혼하여 아이를 낳아야 했습니다. 그들은 남매간에 혼인을 한다는 것이 당치도 않은 일이라 생각했지만 인류를 위해서는 별수 없다고 생각해서 하늘의 뜻을 따르기로 합니다.

"우리가 각자 다른 봉우리에서 연기를 피워 올려 만일 두 연기가 합쳐지면 하늘도 우리의 결혼을 허락하는 것이니 그리 하도록 하자."

마침내 다른 봉우리에서 남매가 연기를 피워 올리니 잠시 후 연기는 하나로 합쳐 뒤엉키면서 하늘로 올라갔습니다. 복희와 여와는 하늘의 뜻이 그러함을 알고는 결혼을 하였고, 인류의 대를 이어갈 수 있었습니다.

이 신화에서 복희와 여와는 새로운 생명의 시작이면서 후대의 풍요로움이 시작됨을 나타내는 상징이기도 합니다. 본디 창조의 여신으로 숭배되었던 여와는 하반신이 뱀이었는데, 복희의 모습도 여와와 같이 뱀의 형상을 하게 되면서 뱀과 뱀의 교합이라는 상징을 만들어내게 되었습니다.

복희여와도를 보면 그들이 피운 두 연기가 하늘로 올라가면서 서로 엉키면서 꼬이는 모습이 비유적으로 표현되어 있습니다. 마치 DNA의 나선형 구조를 연상하게 하는 이 모습은 뱀과 생명력, 그리고 그 신적 존재의 상징성을 잘 말해주는 사례이기도 합니다.

지모신은 내 파트너이기도 했다고!

. . .

이처럼 생명력과 풍요의 힘은 그야말로 신이 갖추어야 하는 덕목과 능력 가운데 가장 중요한 것이었죠. 생명을 땅에 태어나게 하고 그 생명을 살찌우는 것이야말로 신을 신으로 존재하게끔 하는 것이었으니까요. 그리고 그 역할을 담당했던 신은 태고로부터 대지의 여신, 즉 지모신地母神이었습니다.

그리스 크레타섬 북쪽에 있는 항구도시인 헤라클리온의 고고학박물관에는 흔히 어머니와 딸로 불리는 크기가 다른 지모신상이 전시되어 있습니다. 30cm정도 크기의 지모신상은 팔에 뱀을 칭칭 감고 있었고, 이보다 작은 지모신상은 양손에 뱀을 들고 있습니다. 두 여신 모두 풍요의 상징인 젖가슴을 드러내고 있으며, 모자 위에도 입을 벌리고 있는 뱀한 마리를 올려놓고 있는 모습입니다.

이처럼 뱀을 몸에 감거나, 뱀으로 장식된 지팡이나 모자를 지니고 있는 여신도 일종의 지모신으로 숭배되었습니다. 이 때문에 샤먼이나 무당들은 지모신의 힘을 자신의 것으로 받아들이고자 지모신을 흉내 내뱀을 자신의 몸에 감거나, 뱀으로 장식된 지팡이, 모자, 의복 등을 몸에 두르곤 했습니다. 우리가 흔히 전쟁의 여신이라고 알고 있는 아테나 여

어머니와 딸로 추정되는 모녀 지모신상. 어머니는 팔과 허리에 뱀을 감고 있고, 딸은 양손에 뱀을 들고 있다.(그리스 크레타 섬의 헤라클리온 고고학박물관 소장)

신도 이런 관점에서 보자면 지모신과 관련이 있다고 볼 수 있습니다.

기원전 6세기 파르테논 신전에는 뱀의 머리가 잔뜩 붙어 있는 소매의 옷을 입고, 오른손에는 뱀의 머리가 새겨진 지팡이를 들고 있는 아테나 여신의 조각상이 서 있었습니다. 그리고 페르시아 전쟁이 끝난 후, 기원전 450년에 파르테논 신전을 다시 재건할 때에는 겉면에는 메두사의 머리를, 안쪽에는 거대한 뱀을 새긴 방패를 들고 가슴에는 똬리를 틀고 있는 뱀으로 장식한 아테나 여신의 조각상이 있었습니다. 이 뱀은 아테네의 왕 에리크토니오스라고 알려져 있습니다.

전쟁의 신답게 새로운 무기를 필요로 하던 아테나는 무기를 만들어달라고 부탁하기 위해 대장장이 신인 헤파이스토스를 찾아갔습니다. 헤파이스토스는 부인인 아프로디테가 잠자리를 거부하는 바람에 오랫동안 적적해하던 와중이었고, 아름다운 아테나를 보고는 욕망에 사로잡혀 아테나를 덮치려 했습니다. 그러나 그는 실패하였고, 정액을 대지에 흘리고 맙니다. 그러자 그의 정액이 대지에 스며들어 대지의 여신인 가이아가 임신을 하여 아기를 낳게 되는데, 그 아기가 바로 하반신이 뱀인 에리크토니오스입니다.

아테나는 가이아에게 아기를 달라고 부탁하여 건네받고서는 아기를 상자에 넣어 케크롭스의 세 딸에게 맡기며 상자 안을 절대 들여다봐선 안 된다고 말했습니다. 하지만 호기심을 못 이긴 세 딸 중 두 명이 상자 안을 들여다보고 맙니다. 상자 안에는 반은 인간이고 반은 뱀半人半蛇인 아기가 있었고, 아기를 지키라고 아기 몸에 감겨 넣어둔 뱀 또한 한 마리가 있었습니다. 이를 본 두 딸은 충격을 받고 미치광이가 되어 아크로폴리스의 절벽에서 투신자살을 하고 맙니다.

아테나는 아기를 아크로폴리스의 파르테논 신전에 데려와 키웁니다. 에리크토니오스는 어른이 되어서도 하반신은 뱀의 모습 그대로였지만 뛰어난 영웅이 되어 아테네의 왕으로 숭배를 받았고, 죽은 후에 뱀이 되었습니다.

· · ·

페테르 파울 루벤스(Peter Paul Rubens)가 1616년경에 그린 <에리크토니오스의 정체를 알게된 케크롭스의 딸들>. 딸들의 모습이 생각보다는 너무 침착한 모습이라 과연 이 때문에 자살을 했을까는 의문.(오스트리아 빈의 리히텐슈타인 박물관 소장)

앞에서 악마의 전형적 모습이었던 괴물 티폰의 이야기를 했습니다. 티폰도 에리크토니오스와 함께 대지의 신 가이아의 아들이었죠. 티폰과 에리크토니오스는 모두 뱀의 형상을 한 가이아의 자손이지만 인간에게 '악마와 영웅'이라는 극과 극에 있는 존재였습니다. 마치 뱀이 많은 신화 속에서 선과 악의 극과 극의 모습을 지니고 있던 것과 마찬가지로 말입니다.

다시 악마와 신의 사이에서

• • •

아주 오랜 옛날, 그러니까 지모신이 태양신보다 더 신적 존재에서 우위를 지니고 있던 시대에 뱀은 신이었고 왕이었습니다. 이집트 투탄카멘의 황금 마스크를 볼까요. 왕관의 정면을 장식하고 있는 것은 머리를 치켜든 뱀입니다. 클레오파트라가 몸에 뱀을 감고 있었다고도 전해집니다. 결국 그녀는 마지막도 뱀과 함께였죠.

멕시코의 마야 문명에는 마야어로 날개 달린 뱀이란 뜻의 신 쿠쿨칸의 피라미드가 있습니다. 정상까지의 계단 양쪽에 뱀이 새겨진 돌난간이 특징입니다. 아즈텍 문명에서는 쿠쿨칸과 같은 뱀의 신을 케찰코아틀이라 불렀습니다. 목에 깃털을 단 뱀인 케찰코아틀은 최고의 신으로 모셔졌는데, 고대 문명에서는 하늘을

• • •
투탄카멘의 황금 마스크의 머리 부분에는 뱀이 머리를 치켜들고 있다.(이집트 박물관 소장, Photograph by Carsten Frenzl)

나는 새와 땅을 기어 다니는 뱀은 모두 신과 인간 세상을 왕래하는 존재라고 믿었기 때문입니다.

캄보디아의 앙코르와트 사원 입구에는 커다란 뱀인 나가Naga가 조각되어 있습니다. 나가는 일곱 개의 머리를 가진 코브라로 최고신으로 군림했습니다. 뱀은 비를 다스리는 신이었기 때문에 벼농사를 중시하는 국가에서는 가장 중요한 신이었죠. 인도 신화의 최고신 비슈누가 휴식을 취할 때 잠자리로 삼는 것이 거대한 신성의 뱀 나가였고, 이는 인도를 비롯한 동남아시아의 종교와 신화, 그리고 불교의 경전에도 등장하기도 합니다.

이렇듯 세계 곳곳에는 뱀을 신앙의 대상으로 삼거나 뱀을 숭배하는 뱀 신앙이 널리 퍼져 있었습니다. 우리나라 제주도에는 뱀 신앙의 영향이 많이 남아 있어 제주 문화의 특징 중 하나로 자리 잡게 되었습니다.

뱀 신앙의 토대는 인간이 지닌 뱀에 대한 경외심입니다. 그래서 뱀의 능력이 두려워 '이를 떠받들고 사느냐, 아니면 그 능력이 두려워 이를 기피하느냐'의 기로에 서게 됩니다. 특히 대지를 통한 풍요를 기원했던 농경문화에서 꽃핀 다신교가, 유목민이 중심이 되는 일신교에 의해 서서히 종교 패권의 싸움에서 패배하면서 다신교의 핵심적 신적 존재였던 뱀도 그저 유일신에 대항하는 하나의 악마적 존재로 치부되는 과정을 거치게 되었죠.

다시 말해, 동물도 신적 존재로 여겨졌던 애니미즘의 세계에서 맹위를 떨치던 뱀은 유일신이며 인격신을 숭배하는 문화가 점차 세력을 넓혀감에 따라 자연히 그저 자연에 존재하는 무서운 힘을 상징하는 수준으로 떨어지게 된 것입니다. 게다가 인간의 지성이 발달하면서 뱀이 결코 비를 주관하는 능력을 지니지 않았음과, 그들도 죽음을 피할 수 없는 필멸의 존재라는 사실을 알게 되면서 뱀의 신성은 급격히 약화되어 갔습니다. 그 덕분에 인류의 DNA 속, 인간의 무의식에 깊숙이 자리했던 뱀의 신성이 약화되면서 그 자리를 채운 것은 뱀의 부정적 이미지였습니다.

괴물 같고 악마 같은 뱀의 부정적 이미지 역시 태초부터 존재했을지도 모릅니다. 그리고 우리 인간은 뱀에 대한 긍정적, 부정적 이미지를 동시에 가지고 있는 것이 몹시 불편하여 어느 한쪽의 이미지로 뱀을 국한시키려 했을지도 모릅니다. 그리고 그 결과가 우리가 한때 열심히 주사위를 굴려가며 골을 향해 말을 전진시켰던 그 게임인지도 모릅니다.

분명한 것은 뱀이 신으로 인식되었던 시대는 너무나 먼 예전이고, 악마로 인식되었던 시대는 시작한 지 얼마 안 되었다는 것이죠. 하지만 그 얼마 되지 않은 상대적으로 짧은 시기에 엄청난 속도로, 그리고 엄청난 힘으로 우리의 인식은 변화하고 있습니다. 수많은 동물 봉제완구와 수많은 동물 캐릭터와 수많은 장난감 중에서 뱀을 찾아보기가 그토록 힘든 것도 아마 그 때문이지 않나 싶습니다.

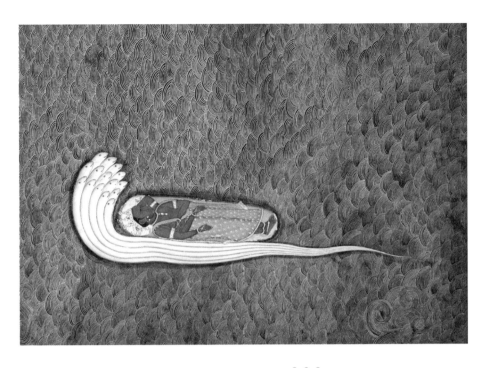

· · ·

나가 중 하나인 아난타의 위에 누워 휴식을 취하
고 있는 비슈누. 1천 개의 목을 지녔으며 아난타
란 이름은 '무한'을 의미한다.(대영박물관 소장)

PART 05

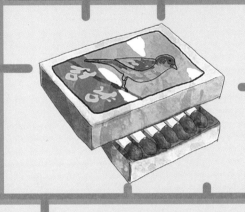

가장 火끈한 장난감
: 성냥, 라이터 그리고 훔치기

못하게 하면 더 하고 싶어지는 법

. . .

"밤에 불장난하면 오줌 싼다."

어린 시절 어머니에게, 할머니에게 듣던 말입니다. 특히 혈기왕성한 한때를 보낸 남자아이라면 모두가 들었던 말일 겁니다. 큰 소리로 야단치는 것도 아니고 아주 낮고 시크한 목소리로 하시던 말씀이죠. 마치 '이건 경험에서 나오는 경고인데, 너 오줌 싸면 얼마나 창피한지 알지?'를 폐부 깊숙이 쑤시듯 알려주는.

시대가 바뀌었다고 해도 오줌 싼다는 건 철이 들기 전의 꼬마들에게는 자존감을 와장창 무너뜨리는 일이었죠. 오줌싸개는 너무나 치욕적인 별명이었고요. 그래서 언제나 불장난을 한 다음날 아침에 눈을 뜨자마자 '혹시 지도를 그리지 않았나' 하고 불안한 마음으로 손바닥으로 이불을 쓸어보곤 했던 기억이 있습니다.

그러면서 차츰 깨닫게 되었죠. 불장난과 지도 그리기는 아무 상관이 없다는 것을. 그렇다고 마음 편하게 불장난을 하지는 못했습니다. 여전히 불장난은 아이들에게는 금지된 것이니까요.

불장난은 해서는 안 되는 짓이라고, 학교와 집에서 아무리 이야기를 해도 불장난의 유혹은 그 불길의 마수처럼 벗어나기가 힘이 듭니다. 무언가를 못하게 하는 금기가 지닌 가장 큰 힘은 그것이 금지되어 있다는 사실에서 나오는 것이니까요. 자고로 못하게 하면 더 하고 싶어지는 법. 아이들은 어렸을 때 불장난을 통해 인간이 지닌 원초적 욕망을 확인하는 기회를 자각하면서, 어른들 눈을 피해 빨간 불길에 매혹당하곤 했죠.

'가장 재미있는 건 불구경과 싸움구경'이란 말도 있지 않습니까. 그러니 이렇게 재미있는 걸 순진무구라는 가면을 쓰고, 이기적 욕망을 맘껏 드러내도 악인으로 취급받지 않았던 시절에 하지 않을 수 없습니다. 금기의 장난이란 한껏 부풀려진 욕망의 장난인 셈이니까요. 불장난은 이렇

• • • •

불장난은 역시 밤에 해야 제맛(www.flickr.com/Photograph by Rodrigo Contreras Köbrich)

듯 몰래 하는 장난의 대명사입니다. 우리가 몰래한 사랑을 불장난이라고 부르는 이유이기도 하죠. 어떤 장난보다 스릴과 흥분이 가득했던 것은 몰래 한다는 행위 자체이기도 했지만, 아마도 잘못하면 큰일이 날 수도 있다는 걸 어린 나이에도 살짝 느끼고 있었기 때문일지도 모릅니다.

1980, 90년대까지만 해도 그런 위험천만하다는 불장난에 필요한 도구인 장난감은 성냥이었습니다. 성냥을 찾아보기 힘들어진 요즘 세상에는 라이터가 이를 대신하게 되었지만 말이죠. 그런데 말이죠, 어른들은 성냥이나 라이터를 아이들에게 쉽게 내어주지 않습니다. 어린아이들이라면 불조심을 위해, 청소년에게는 담배의 접근성을 원천 차단하기 위해서이죠. 불은 그걸 제대로 다룰 줄 아는 사람이 사용해야 한다는, 인류의 오랜 경험에서일까요? 그래서 불장난을 하려면 우선 이 불 피우는 도구를, 어른들 눈을 피해 확보해야 하는 문제를 해결해야 했습니다.

성냥이나 라이터라는 불의 원천을 어른 눈을 피해 몰래 확보하는 것으로 불장난은 시작됩니다. 하지만 어쩌면 타오르는 불에 대한 욕망이 자리한 것만으로 이미 불장난은 시작되었을지도 모릅니다. 그리고 그건 불을 지니고 있는 어른과 기성세대, 또는 사회에 대한 반항이기도 했습니다. 아니면 사회가 만든 금기를 깨뜨리고 자신의 힘을 자랑하고 싶었던 것일지도 모르겠네요.

1827년 세상에 모습을 드러낸 이후 성냥이야말로 오랜 기간
동안 인류에게 간단히 불을 피울 수 있는 도구로 군림해왔다.
물론 어린이들에게는 좋은 장난감이 되기도 했지만.

그대에게 소중하다면 나에게도 소중한 것일 터

● ● ●

인류의 가장 큰 발견이 무엇이냐에 대해 많은 사람은 '불'이라고 답할 겁니다. 불이 없었다면 인류는 음식을 가열하여 요리해 먹지 못했을 것이며, 추운 날씨를 견디기 어려웠을 것이고, 해가 지면 활동에 제약을 받았을 것이고, 동물들의 습격에 무방비로 노출될 수밖에 없었을 겁니다.

● ● ●

"어? 왜 너는 불을 들고 있는 거야? 어떻게 그 불을 손에 넣었지?" 이 풀리지 않는 물음을 나름대로 풀어나가려 했던 것이 바로 불의 기원신화가 아닐까요.(www.flickr.com/ Photograph by Kristina Alexanderson)

또한 불은 청동이나 철 등의 금속을 녹여 여러 가지 기구를 만들어 사용할 수 있게 해주었습니다. 불은 인류가 문명과 문화를 발전시키는 데 필수적인 요소였던 셈이죠. 그러니 신화가 이걸 놓칠 리가 없겠죠.

이렇게 소중한 불이 어떻게 우리 손에 들어올 수 있었을까요? 아마 사람들은 오래 전부터 이게 무척 궁금했을 거예요. 지금도 '번개 맞은 나무에서 시작되었다, 우연한 마찰을 통해서다, 화산 분화 과정에서다' 등의 여러 의견이 엇갈리며 사람들의 궁금증을 더하고 있는 상황이니 아주 오랜 옛날의 인류는 더욱 그랬을 거고요.

신화는 세상에 대해 인간이 이해하지 못하는 부분을 메우는 역할을 합니다. 인간은 '화산이 왜 불을 뿜는지, 홍수가 왜 일어나는지, 달은 왜 작아졌다 커지기를 반복하는지, 이 세상에 생명은 어떻게 만들어졌는지' 등 도통 생각해도 알 수 없는 세상의 많은 일들에 납득할 만한 답을 찾으려 애썼을 겁니다. 세상이 어떻게 돌아가는지를 알아야 불안한 마음이 덜 할 것이고, 위험한 상황에 적절한 대응을 할 수 있었을 테니까요.

산이나 바다와 같은 자연이 가져다주는 재해, 즉 신의 분노를 달래기 위해 인간을 바쳤던 인신공양의 풍습도 인류가 머리를 짜내고 짜낸 대응책 중 하나였을 뿐입니다. 지금 생각해보면 말도 안 되는 것이지만 당시로서는 나름 노력한 결과였던 거죠. '불이 어떻게 인간의 손에 들어왔을까'를 알고 싶었던 사람들은 아마 다음과 같이 생각하지 않았을까요.

　　우리에게 정말 불은 소중해. 그런데 불은 아마도 어딘가에서 온 걸

거야. 왜냐하면 세상 모든 것은 누군가가 만들었거나 어딘가에서 온 것이니까. 그리고 그 어딘가란 분명 지금 우리가 사는 인간 세계는 아닐 거야. 불처럼 소중한 것이라면 더욱 그렇겠지. 그렇잖아. 곡식이 그렇고, 곡식을 자라게 해주는 햇빛과 비도 모두 신의 선물이잖아. 그럼 이렇게 소중한 불을 신은 선뜻 인간에게 내주었을까? '내가 주는 선물이니 받아라, 나는 관대하니까'라고 말이야. 하지만 아마도 그렇지 않았을 것 같아. 왜냐고? 신은 인간이 자신과 대등한 능력을 가지는 것을 싫어하니까. 그렇게 되면 더 이상 우리가 신을 받들지 않을 걸 아니까 말이야. 그러니 신은 불을 선뜻 내주지 않았음이 분명해. 우리 인간을 신의 발밑에 두기 위해서도 좋은 교섭 조건인 불을 그렇게 쉽게 주지는 않았을 거야. 그렇다면 어떻게 신의 세계에 있던 불이 인간의 손에 들어오게 되었을까?

나에게 소중한 것이라면 다른 사람에게도 소중한 것일 터, 불이 인간에게 소중한 것이라면 신에게도 소중했을 터. 이렇게 어찌 보면 초등학생 수준의 단순한 생각을 아마 오랜 옛날 사람들도 하지 않았을까요? 그렇다면 답은 명백합니다. 그냥 순순히 인간에게 내주지 않았을 불, 인간은 신으로부터 그 불을 훔칠 수밖에 없었을 겁니다. 반대로 신은 불을 빼앗기지 않으려 했을 것이고요. 이 불을 둘러싼 신과 인간의 뺏고 뺏기는 싸움 중 우리가 가장 잘 알고 있는 신화는 역시 그리스 신화에 나오는 프로메테우스의 이야기일 겁니다.

네덜란드 화가 얀 코시에르(Jan Cossiers)가 1637년 그린 <불을 가져오는 프로메테우스>.
인류에게 불을 가져다준 문화영웅의 탄생이다.(프라도 미술관 소장)

영웅으로 불리는 도둑들

. . .

신화 속의 거인족인 형 프로메테우스와 아우 에피메테우스는 인간을 비롯한 생물들을 창조하고, 그들이 살아가는 데 필요한 능력을 부여하는 임무를 맡고 있었습니다. 둘은 서로 역할을 나누어, 에피메테우스가 생물을 만들고 각자에게 능력을 부여하는 일을, 그리고 프로메테우스가 그 일의 결과를 점검, 감독하는 역할을 맡았던 거죠.

하지만 역시 사람 일이란 게 이름 따라 간다고 했던가요. '뒤늦게 깨닫기'라는 이름 그대로 에피메테우스는 아무 생각 없이 자신이 만들어낸 새에게는 날개, 사자에게는 날카로운 이빨과 발톱, 거북이에게는 딱딱한 등판 등등 손에 잡히는 대로 능력을 퍼주어 버렸습니다. 이렇게 에피메테우스가 정신없이 능력을 퍼주다 보니 마지막으로 프로메테우스가 손수 특별히 흙으로 만든 인간에게는 줄 것이 없어 곤란한 지경에 이르게 됩니다. 에피메테우스는 '아차' 싶었지만 뒤늦게 깨달아봤자 소용없는 일이었습니다.

자, 곤란하게 된 건 형 프로메테우스였습니다. 자신의 회심의 창조물이자, 그 어떤 피조물보다 사랑하고 있는 인간에게 가장 최고의 선물을 줄 요량이었는데 그게 불가능해졌으니까요. 그래서 아예 마음을 달리

먹기로 했습니다.

"그래 이렇게 된 거, 가장 멋진 선물로 불을 주기로 하자."

프로메테우스는 어차피 선물 보따리가 비었으니 인간에게는 금지되어 있던 불을 훔쳐주기로 결심합니다. 제우스가 인간의 손에 넘어가면 위험한 상황이 초래되리라는 것을 염려하여 엄하게 금하고 있었던 바로 그 불을 말이죠. 프로메테우스는 대담하게도 제우스의 무기인 번개에서 불을 훔쳐, 속이 빈 회향나무에 불씨를 숨겨 인간에게 건네주었습니다. 뒤늦게 이 사실을 안 제우스는 우선 인간에게 괘씸죄를 물어 벌을 주기로 하는데, 그 방법이 아주 비신사적입니다.

제우스는 대장장이의 신 헤파이스토스에게 명령해 최초의 여성인 판도라를 만들게 하고는, 신들에게 판도라를 위한 선물을 한 가지씩 주게 했죠. 판도라는 아프로디테로부터는 아름다움을, 아테나로부터는 직조 기술을, 헤르메스로부터는 설득력을, 아폴론으로부터는 음악이란 선물을 받습니다. 그런데 제우스는 자신의 아들이자, 교활한 신인 헤르메스에게 판도라의 마음속에 간사하고 배신하는 성격과 거짓말을 하는 재주를 넣으라고 했죠. 자, 겉으로는 완전무결하게만 보이는 여성인 판도라가 완성되자 제우스는 항상 뒤늦게 깨닫는 동생인 에피메테우스에게 그녀를 데려갑니다.

"이렇게 아름다운 여인이 있는데 내가 볼 때는 딱 너의 반려자로 적합할 것 같구나. 어떠냐? 너의 아내로 받아들임이."

'앞을 내다보는' 이름 그대로 프로메테우스가 사전에 동생에게 혹시 제우스가 무슨 선물을 주더라도 결코 받지 말라고 주의를 주었음에도 불구하고, 판도라의 매력에 푹 빠진 에피메테우스는 형의 충고를 무시하고 판도라를 아내로 삼고 맙니다. 그런데 에피메테우스의 집에는 상자가 하나 있었습니다. 안에는 인간의 고통과 죽음의 원인이 되는, 세상 모든 재앙이 가두어져 있었던 상자였죠. 프로메테우스가 에피메테우스에게 상자를 맡기면서 절대로 열어서는 안 된다고 신신당부를 해두었습니다. 그런데 그 상자에 호기심을 느낀 판도라가 에피메테우스에게 자꾸 묻습니다.

"이건 무슨 상자인가요?"

"그 상자는 절대 열어서는 안 되는 것이니 열지 말아요."

에피메테우스가 열지 말라고 할 뿐이니 판도라의 궁금증은 더해만 갔습니다. 그러던 어느 날 에피메테우스가 집을 비운 사이, 궁금증이 폭발한 판도라는 상자를 열어버리고 맙니다. 그러자 순식간에 안에 있던 재앙들은 모두 밖으로 나와버렸고, 뒤늦게 판도라가 덮개를 닫았을 때는 마지막으로 희망만이 남아 있게 되었죠. 결국 인간은 불을 얻은 대가로 수많은 재앙을 얻게 된 셈입니다.

자, 이제 제우스는 프로메테우스에게로 화살을 돌립니다. 평소 그에게 불만을 가지고 있던 제우스는 불을 훔친 죄와 자신의 미래에 대해 알려주기를 거부했다는 죄를 물어 코카서스 산 바위에 쇠사슬로 묶여 독수리에게 간을 쪼아 먹히는 벌을 내리죠. 더욱 무서운 것은 간은 매일 새롭게 치유되니 매일 같은 고통을 반복하게 된다는 점이었고요.

페테르 파울 루벤스(Peter Paul Rubens)가 1620년경 그린 〈묶여 있는 프로메테우스〉. 루벤스는 전문가와 함께 작품을 공동 제작하는 방식을 자주 사용했는데, 이 그림에서 도 인물과 배경은 그가 그리고 독수리만은 유명한 동물화가였던 프란스 스네이데르스 (Frans Snyders)의 손에 의해 완성되었다.(필라델피아 미술관 소장)

이처럼 인간을 만든 프로메테우스는 자신의 능력으로는 줄 수 없는 엄청난 선물인 불을 최고신으로부터 훔쳐내어 인간에게 줍니다. 다시 말해 다른 선물은 프로메테우스 형제가 알아서 줄 수 있었던 것이지만, 불만은 엄격히 신의 통제 하에 있었던 선물이란 거죠. 인간은 불을 얻은 대신 모든 재앙도 얻게 되었으니, 아마도 제우스는 불의 가치를 엄청나게 높게 평가하고 있었음이 틀림없을 겁니다.

재미있는 건 제우스는 '불이 인간에게 넘어가면 위험한 상황이 초래된다'고 보고 불을 인간에게 주지 못하도록 한 점입니다. 어린아이들에게 불을 맡기면 불장난이나 하다 큰일이 날지도 모른다고 생각하는 어른들의 마음과 같은 것이었을까요? 아니면 불을 가지게 되면 자신의 능력을 과대평가한 인간들이 신의 영역을 넘보려 하게 될지도 모르는 것을 두려워했던 걸까요? 도대체 제우스는 무엇을 두려워했던 걸까요?

이걸 이해하기 위해서는 불이 지닌 상징을 살짝 살펴보아야 할 것 같네요. 그래야 왜 신들은 불을 그다지도 소중하게 여겨 인간에게 전해주지 않으려 했는지를 들여다볼 수 있을 것 같습니다.

불, 세상을 가르는 지혜의 도구

• • • •

무엇보다도 불이 지닌 힘은 어둠을 밝음으로 바꾸는 힘입니다. 이 힘은 어둠을 빛으로 정복한다는 의미가 되죠. 어둠은 혼돈을 뜻합니다. 아무것도 구별할 수 없는, 하나의 무질서를 지닌 덩어리인 셈이죠. 어둠이나 혼돈과 같은 무질서가 질서를 갖기 위해서, 다시 말해 세상의 모습을 갖기 위해서는 가장 먼저 빛이 필요합니다. 어둠과 밝음이 구분되어야 하고, 이는 밤과 낮, 무질서와 질서, 그리고 악과 선이 구분되는 것을 의미합니다.

• • •

빛이 생기면 자연히 어둠도 드러나 보이는 법. 그러나 그 빛은 우리를 새로운 여행으로 이끄는 목적이 되기도 한다.(www.flickr.com/Photograph by Daniel Carlbom)

그래서 창조신화에서는 어둠을 빛과 나눠서 세상이 탄생하는 이야기가 등장합니다. 기독교의 천지창조 첫째 날 '빛이 있으라'라고 야훼가 명한 것도, 중동지방의 창조신화에서 창조주 오르마즈드가 우주의 광대한 심연에 자신의 순수한 빛을 던짐으로써 창조를 시작한 것도, 폴리네시아 신화에서 창조를 아오밝음, 낮, 하늘, 남성적 원리와 포어둠, 밤, 땅, 여성적 원리로 구분하는 것으로 보는 것도, 잉카 제국이 해와 달과 별을 만들어내어 세상을 밝게 비추게 한 것을 창조의 시작으로 생각한 것도, 모두 빛의 존재가 나눔을 기초로 세상을 창조하는 데 필요하다는 것을 이야기해줍니다. 빛이야말로 최초로 무엇과 무엇을 나누는 도구였던 셈이죠.

빛은 인간이 자연 상태에서 가지지 못한 것입니다. 우리 인간이 빛을 갖게 된 것은 불을 갖게 된 이후의 일입니다. 태양과 같이 불을 빛의 재료로 갖는 것도 있지만, 번개의 빛이나 반딧불은 불을 재료로 하는 것은 아닙니다. 빛은 때론 화학적 배합이나 원자나 분자들의 충돌로 발생하기도 하니까요.

그런데 인간이 불을 지니게 되면서부터 인간도 빛을 가지게 되었습니다. 신이 가지고 있었던 빛의 능력을 인간도 지니게 된 셈입니다. 신의 능력 중 최고는 창조의 능력이라 할 수 있는데, 이걸 인간이 자신의 것으로 만든 겁니다. 동물이나 식물을 새롭게 만들어내는 창조의 능력이라기보다는, 창조의 원천적 기반이었던 '구분의 힘', '나눔의 힘'을 가지게 되었다는 뜻입니다. 어둠 속에서 인간은 더 이상 무질서한 세계 속에 자신을 둘 필요가 없어졌죠. 이제 불을 사용해서 밤에도 질서 잡힌 세계를 인식할 수 있게 됩니다.

게다가 지금까지 세상에 존재하지 않았던 불에 익힌 음식을 만들어낼 수 있게 되었고, 불로 도자기를 굽거나 금속을 녹여 도구를 만들어낼 수도 있게 되었습니다. 불이 생명 이외의 것을 창조하는 도구로도 사용된 셈입니다. 그야말로 불은 '나누는 힘'이라는 창조적 상징과 함께, 도구의 제작이라는 실천적 창조의 역할을 하게 됩니다.

'세상을 구분하고 나누어 다시 새로운 세계로 만들어내는 힘'은 다른 말로 지혜나 지식을 뜻합니다. 우리들은 태어나서 세상의 모든 것을 '이 것과 저것'으로 구분하고 나눔으로써 세상을 인식하여 파악하고 지식과 정보를 축적하여 발전해갑니다. 엄마와 엄마가 아닌 사람을 우선 구별하고, 위험한 것과 그렇지 않은 것을 구분하고, 먹을 수 있는 것과 없는 것을, 1과 1이 아닌 것을 구분하고, 지리산과 태백산, 소백산, 치악산을 구분하고, 여성과 남성을, 어린이와 어른을, 수학과 음악과 미술과 국어를 구분하며 점차 세상을 알아갑니다. 세계를 대륙으로, 국가로, 도시로, 구로, 동으로, 번지로 나누어 체계적으로 파악하고 세포를 세포핵과 형질, DNA로 나누어 파악하고 앎을 완성해나갑니다.

그래서 나누는 도구는 지식과 지혜의 상징으로 사용됩니다. 대표적인 것이 칼과 불입니다. 서울대학교 등 많은 대학의 엠블럼에 횃불이 사용되는 이유도, 불이 지식을 상징하기 때문입니다. 어둠을 지식이라는 횃불로 밝히라는 의미죠. 이런 이유에서 그리스 비극시인인 아이스킬로스는 프로메테우스를 인간에게 천문, 수, 문자 등 다양한 지식적 기술을 전해주고 체계화할 수 있게 해준 은인이라고 표현했습니다. 신화학자들은 프로메테우스가 불을 훔친 이야기는 인간이 신의 지식을 얻어 각성하게 되었다는 상징으로 보기도 하는데, 이것도 불이 지식과 지혜와 같은 의미인 까닭입니다.

사랑엔 때론 맹목이 필요하기도

. . . .

불과 함께 칼이 '세상을 나누어 구분하는 앎', 즉 분별력과 관련된 것이라는 걸 잘 알려주는 신화가 있습니다. 바로 그리스 신화에 나오는 에로스와 프시케의 이야기죠. 유명한 동화이기도 하고 애니메이션으로도 만들어진 〈미녀의 야수〉의 모티프가 된 신화이지만, 우리에게 필요한 부분은 이 스토리의 앞부분이니 살짝 살펴보도록 하죠.

> 어느 나라에 세 명의 공주가 있었습니다. 특히 막내딸 프시케는 너무도 아름다워 사람들이 미의 여신인 아프로디테와 비교를 할 정도였죠. 이 칭찬이 하늘에도 닿았나 봅니다.
>
> "아니, 인간 주제에 건방지게 여신인 나를 비교대상으로 삼다니 용서할 수 없구나. 아들아, 저 여자아이에게 화살을 쏘아 스스로를 못생긴 여자라고 여기게끔 만들어다오!"
>
> 화가 난 아프로디테는 아들 에로스에게 명령을 했고, 화살을 맞은 증상으로 스스로를 못난 사람이라고 여기게 된 프시케는 남자들에게 자신을 드러내지 못하고 결혼도 못 한 채 외롭게 지내게 됩니다. 결혼도 거부하는 과년한 딸을 둔 아버지 왕은 답답한 마음에 아폴

론의 신탁을 듣기로 했는데 신의 대답은 더욱 절망적이었습니다. "그녀는 인간과는 혼인할 수 없다. 괴물의 아내가 될 운명이다."

자신의 운명을 받아들인 프시케는 산꼭대기로 올라가 괴물을 기다리는데, 어째된 일인지 바람이 불어와 그녀를 살포시 들어 올려 어느 아름다운 궁전으로 데려가는 것이 아니겠습니까. 괴물이라 생각했던 남편은 친절한 사람이어서 궁전에서의 생활은 그야말로 꿈과 같이 달콤했지만, 그녀의 남편은 어두운 밤에만 돌아와 날이 밝기 전에 집을 떠나기 때문에 어떤 사람인지 프시케는 알 수가 없었습니다. 아무리 남편에게 얼굴을 보여 달라고 사정해도 남편은 자신의 얼굴을 보려고 해서는 안 된다고 엄중히 말할 뿐이었죠.

그러던 어느 날 프시케는 가족들이 보고 싶어 남편에게 부탁해 언니들을 궁전으로 초대합니다. 궁전에 온 언니들은 불행할 것으로 생각한 프시케가 행복한 생활을 하는 것에 질투를 하고, 프시케의 친절한 남편은 사실 괴물이고, 너를 속이고 있는 것이니 남편이 잠들면 찔러 죽이라면서 등잔과 예리한 칼을 건네줍니다. 그날 밤 언니들이 시킨 대로 남편 얼굴을 확인하려 등잔불을 밝히는 순간, 프시케는 너무 아름다운 그의 모습에 놀라 그만 등잔 기름을 떨어뜨려 남편을 깨우고 맙니다.

그 남편은 바로 에로스였습니다. 어머니의 명령으로 그녀의 얼굴을 처음 본 그 순간에 이미 그녀에게 반했던 에로스였던 거죠. 하지만 평범한 인간과 신이 맺어지기는 힘든 법. 게다가 그녀는 자신의 말

• • • •

프랑소와 에드아르 피코(François Édouard Picot)가
1817년 그린 <에로스와 프시케>. 남편의 정체를 알
고 정신을 잃어버린 프시케와 그녀의 곁을 떠나는 에
로스. 연인 사이에는 너무 명확한 앎이 이별을 불러
오기도 한다는 교훈일까?

과 믿음을 어긴 사람.

"왜 이런 짓을 했소? 의심이 있는 곳에 사랑은 있을 수 없다오."

결국 에로스는 이 말을 남기고 절규하는 프시케를 남겨둔 채 날아가 버립니다. 에로스를 그리워 한 프시케는 그 후 먹지도, 자지도 않고 남편을 찾아 헤매었고 아프로디테는 프시케에게 에로스와 다시 만나기 위해 해결해야 하는 어려운 과제들을 내주었습니다. 프시케는 이를 힘들게 극복하였고, 다시 에로스와 만나 행복한 결혼 생활을 하는 해피엔딩으로 이야기는 마무리가 됩니다.

이 신화에 나오는 여주인공 프시케는 질투에 눈이 먼 언니들을 만나기 전까지 남편에 대해, 자신의 생활에 대해 제대로 알고 있지 못했습니다. 분별력이 없었다고나 할까요. 그래서 자신의 위치와 상황에 대해 어떤 판단이나 결정도 할 수 없었던 거죠. 그때 질투심에 불타는 언니들이 찾아와서 이런 무지몽매한 상황에서 벗어나라고 충고를 해줍니다. 그리고 앎을 획득할 수 있는 도구로서 등잔과 칼이 주어집니다.

등잔은 어두운 밤을 밝혀 에로스의 얼굴을 볼 수 있도록, 칼은 에로스가 괴물일 경우 찔러 죽이기 위해 필요한 것입니다. 하지만 상징적으로는 등잔불과 칼 모두 앎을 가지지 못한 현재 상황에서 앎을 지니게 되는 상황으로 전환을 유도하는 도구입니다.

불로 덤비는 자 불로 망하리니

. . . .

그러니 불을 인간이 가진다는 것은 신이 지닌 지혜와 지식, 그리고 세상에 대한 앎의 도구를 지니게 된다는 것을 말합니다. 그리고 신화 속에서 신들은 이런 굉장한 도구를 인간이 지니게 되면 창조주인 자신이 인간을 만들었을 때 부여했던 '순수성'이 훼손된다고 생각했죠. 인간과 신이 서로 숭배하는 자와 숭배받는 자로 구분되는 것은 지혜와 지식 그리고 앎의 차이에서 비롯된다고 보았고, 이는 절대로 넘어서는 안 되는 선이었습니다. 그런데 인간은 자꾸 이 선을 넘어와 신이 지닌 앎과 지혜를 탐내고 있었고, 이를 신은 끊임없이 위험한 짓이라고 경고해왔던 것이죠. 대표적인 것이 기독교의 에덴동산에 있던 선악과 이야기입니다.

선악과는 '선과 악', 다시 말해 '어둠과 밝음'을 구분하는, 가장 기본적인 창조 과정에 대한 이해를 말합니다. 선악과를 먹음으로써 인간은 구분하는 힘을 얻게 되고, 차츰 지식과 지혜를 쌓아 신이 지닌 그것에 다가가려 합니다. 이렇게 되면 애초에 신과 인간을 경계 지었던 차이가 사라지게 되고, 그것은 신의 세계와 인간 세계가 구분되어 있던 '종교적 질서'를 무너뜨리게 됩니다. 그래서 신이 "어딜 인간이 건방지게!"라고 꾸짖는 겁니다.

• • •

피터르 브뢰헬(Pieter Bruegel le Vieux)이 1563년 그린 <바벨탑>. 그는 총 3점의
바벨탑 그림을 그렸는데 현재 2점만이 전해진다. 탑이 건설되고 있는 상황을 묘
사한 것인데 왼쪽 하단에 왕에게 경배하는 절대 권력의 모습이 마치 탑의 허영과
같은 맥락임을 생각하게 한다.(빈 미술사박물관 소장)

이 종교적 질서를 무너뜨리는 것에 대한 신의 경고는 기독교의 바벨탑 이야기에서 선명히 드러납니다. 바벨탑은 대홍수가 휩쓸고 지나간 후 노아의 후손들이 시날_{바빌로니아} 땅에 정착하기 시작해 도시를 건설하고 세우기 시작한, 꼭대기가 '하늘에 닿는' 탑입니다. 세계에서 가장 큰 규모의 탑을 쌓아 인간은 자신들의 이름을 떨쳐 집단 통치를 용이하게 하려 한 거죠. 이를 괘씸하게 여긴 신 야훼는 탑을 무너뜨리고는, 탑을 건축하는 사람들의 언어를 혼동시켜 멀리 흩어지게 함으로써 탑 건축이 중단되게 됩니다.

이 바벨탑 사건은 다_多언어의 발생을 언급할 때 자주 인용되곤 하는데, 눈여겨보아야 할 점은 언어가 바벨탑 사건을 촉발시켰고 결국 언어로 결말이 났다는 점이죠. 언어가 발달하면서 인간은 앎을 체계화하게 되었고, 주변 세계를 개념화할 수 있었습니다. 그야말로 인간이 똑똑해진 것이죠. 자연스레 생활 집단도 거대해졌고, 국가의 개념에 가까운 제도도 발달하고, 하늘에 닿을 만큼 탑을 쌓을 수 있는 건축술도 익히게 되었을 것입니다. 이는 모두 '앎_{지식}'을 기반으로 하는 것입니다. 그래서 야훼는 사람들이 서로 말을 알아듣지 못하도록 여러 가지 언어를 부여해 똑똑해지는 인간을 징벌합니다.

그러고 보니 똑같지 않나요. 기독교에서 신이 선악과를 먹은 아담과 이브를 에덴동산에서 추방하고 그들의 생에 혹독한 시련을 부가하고 탑 건축을 못하게 언어 소통을 불편하게 한 것이나, 제우스가 판도라를 인간에게 보내고 매일 새롭게 치유되는 간을 독수리에게 쪼아 먹히는 고통을 프로메테우스에게 부여한 것이나 말이죠. 결국 두 신은 모두 똑똑해지려는 인간에 대해 벌을 내리고 있는 것입니다.

고대 그리스의 서사시인인 헤시오도스가 저술한 『신통기일명 '신들의 탄생'』에서는 판도라가 등장하기 이전의 세계에서 인간들은 신들처럼 살고 있었고, 인간들의 연회에 올림포스 신들이 어울려 참석했다고 기술되어 있습니다. 판도라의 등장은 결국 인간이 불을 사용하기 시작한 시점이기 때문에, 헤시오도스는 인간이 앎과 지知의 능력을 갖추면서 신들은 인간을 멀리하게 되었다고 보고 있는 셈입니다.

그래서일까요? 신화학자 해리스와 플래츠너Harris, Stephen L & Gloria Platzner는 여성의 출현이 불과 맥락을 같이하면 이것이 신과 인간과의 유대 관계를 멀어지게 한 점에 주목합니다. 남성들의 세계가 지니고 있던 질서는 자연 그대로의 날고기를 먹는 것으로 유지되고 있었는데, 불을 사용하여 날고기를 요리하는 역할을 하는 여성이 출현함으로써 구운 고기를 먹게 되었고 자연은 인간 생활에서 멀어지게 되었다고 보고 있습니다. 여성과 요리, 그리고 요리에서 불의 역할을 묶어, 자연으로 상징되는 신과 불을 활용하여 자연으로부터 멀어진 인간을 대비시켜 보고 있는 것입니다.

사실 지혜와 지식은 신과 같은 절대 권력자에게는 애물단지임에 틀림없을 겁니다. 호기심에 가득 찬 인간이 어려운 상황에 처해 있을 때 '왜 이런 상황이 되었는가?'라는 물음을 끊임없이 던지고 이 물음에 스스로 답을 해가면서 똑똑해진다면, 권력을 지닌 사람 입장에서는 참으로 당혹스럽습니다. 나쁜 상황의 원인으로 권력자의 리더십 부족과 능력 부족을 우선 거론할 테니까요. 그러니 예나 지금이나 독재자들이 권력을 잡으면 제일 먼저 하는 일이 지식인과 지식 매체에 대해 억압과 탄압을 행하는 것이죠. 옛날에는 지식이 담긴 책을 불태웠고, 지금은 지식과 정보가 오가는 매체를 장악합니다. 그래서 독재자의 횡포에 견디지 못한 많은 지식인은 다른 나라로 망명을 선택합니다. 단지 신과 독재자의 차이점은, 신은 인간이 똑똑해지면 신도 인간도 불행해진다고 생각하지만, 독재자는 단지 자신의 권력 유지가 어려워진다고 보는 점이겠죠.

새로부터 또는 새를 통한 훔치기

• • •

프로메테우스의 신화는 불이 신과 인간에게 모두 소중했던 것은 그것이 지식, 지혜, 앎이라는 상징성을 지녔기 때문이라고 알려줍니다. 결국 인간은 신의 영역에 속했던 불을 훔치지 않으면 안 되었습니다. 불은 신이 내린 은혜가 아니라 인간이 신에게 저항하여 손에 넣은 저항 정신의 증표인 셈입니다. 왜 항의 시위에서 촛불이 등장하는지에 대해 이제야 조금은 납득이 가네요.

그래서 그런지 세계 신화를 살펴보면 불이 어디로부터 왔는지를 말하는 불의 기원신화에서 대부분의 신화는 누군가로부터 불을 훔치는 내용이 많습니다. 특히 새가 하늘이나 신으로부터 불을 가지고 오는 이야기가 많습니다. 우선 대표적인 것으로 북아메리카 북서해안 퀸샤롯 군도에 사는 선주민족인 하이더 족에게서 내려오는 신화를 보도록 하죠.

북아메리카 북서해안 퀸샤롯 군도에 사는 선주민족인 하이더 족에게서 내려오는 불의 기원신화에는 큰 까마귀가 주인공입니다. 아주 오랜 옛날 큰 홍수로 모든 것이 사라져버렸지만, 큰 까마귀만이 살아남아 모든 생물의 선조가 될 수 있었습니다. 그리고 그 후손 중에는 인간도 있었죠. 큰 까마귀는 인간에게 뭔가 좋은 선물을 해주고 싶었습니다.

"역시 인간에게는 불이 가장 좋은 선물일거야. 하지만 어떡하지? 그 불은 신이 절대 내어주지 않을 텐데."

결국 큰 까마귀는 신이 가지고 있던 불을 훔치기로 하고는, 소나무 잎으로 변신하여 신이 사는 곳 가까이 흐르는 강물에 떠서 흘러 내려갔습니다. 때마침 신의 딸이 강에 나와 그릇에 물을 담아가면서 소나무 잎도 같이 담아가서는, 소나무 잎과 함께 물을 마셔버렸습니다. 그 바람에 신의 딸은 남자 아이를 잉태하게 됩니다.

이렇게 딸의 몸을 빌려 신의 손자로 다시 태어난 큰 까마귀는 신이 눈치 채지 못하게 불씨를 훔쳐서는 본래 모습으로 돌아와 굴뚝을 통해 빠져나옵니다. 그리고는 지상 여기저기에 불을 피우면서 날아다녔습니다. 인간은 이렇게 해서 불을 얻을 수 있었습니다.

호주를 중심으로 하는 남반구의 신화는 새가 우연히 불을 훔쳐 내려왔다가 숲에 번지는 바람에 인간이 불을 손에 넣게 되었다는 이야기가 많습니다. 하지만 처음부터 인간에게 줄 요량으로 불을 가져오는 새에 대한 신화도 적지 않습니다. 이렇듯 새가 불의 매개자로 등장하는 이유는 '신이 사는 곳은 하늘'이라는 신화적 공간 이미지 때문입니다. 그리고 하늘은 인간에게 소중한 햇빛과 비를 내려주는 곳이기도 하니 불도 그곳에서 기원했을 거라고 사람들은 생각했죠. 새는 하늘과 땅을 자유롭게 왕래할 수 있었기 때문에 신이 변신한 모습이거나 신의 사신으로 간주되었습니다. 그래서 불의 기원신화에서는 불을 훔친 신 프로메테우스 대신 '불을 훔친 새'가 등장하게 됩니다.

조금 다르게 처음부터 불은 새의 것이라는 이야기도 있습니다. 브라질의 투피족 신화에서 원래 불을 독점하고 있는 것은 마법사 독수리였습니다. 그래서 한 신이 인간을 위해서 불을 손에 넣으려고 죽은 척을 하고는 자신의 몸을 부패시켜 구더기가 들끓게 만들었습니다. 부패한 신의 몸에 독수리들이 모여들었고, 사체를 요리하기 위해 불을 피웠죠. 그러나 불 위에 놓이자마자 곧바로 신은 다시 살아나서 독수리를 쫓아냈습니다. 그리고 이렇게 손에 넣은 불을 나무 속에 넣어서 인간에게 나무를 비벼서 불을 얻는 방법을 가르쳐주었습니다.

신도 아무 희생 없이 그 소중한 불을 쉽게 얻을 순 없었나 보네요. 그래서 할 수 없이 신은 자신을 희생하여 인간에게 불을 전해줍니다. 프로메테우스의 간을 쪼아 먹고 있는 동물이 독수리인 이유가 납득이 가지 않나요? 불은 원래 마법사 독수리의 것이었으니 말이죠.

문화영웅에게 신의 노여움쯤이야

. . .

하지만 불의 매개자로 신화에 등장하는 동물이 새만은 아닙니다. 제족을 비롯해 브라질의 많은 부족 사이의 신화에는 고양이과의 포유류인 재규어_{신화에서는 쟈가}가 등장합니다.

> 옛날 옛날에 불의 주인은 쟈가였습니다. 그런데 어느 날 보쿠토라는 소년이 높은 암벽에 올라갔다가 내려오지 못해 굶어죽게 되었습니다. 그때 우연히 암벽 앞을 지나가던 쟈가가 소년을 발견해 구해주고는 자신의 집으로 데려갔습니다. 쟈가는 보쿠토를 손님으로 생각하고 극진히 대접해주었는데 그 중에는 불에 구운 고기가 있었습니다.
> "와, 이런 음식은 처음 먹어봐요. 정말 맛있는데요. 이건 어떻게 만든 음식이죠?"
> 쟈가의 아내는 보쿠토가 자신들의 비밀을 살피는 것 같아 마음에 들지 않았지만, 이것저것에 신기해하는 보쿠토가 마음에 든 쟈가는 그를 양자로 삼습니다.
> 그러던 어느 날 쟈가가 사냥을 나간 사이, 쟈가의 아내는 보쿠토에

게 딱딱하고 오래된 고기와 나뭇잎만을 내어주었습니다.

"아니 왜 전에 먹던 맛있는 구운 고기를 주지 않죠?"

불평을 하는 보쿠토가 미워서 그녀는 발톱으로 그의 얼굴을 할퀴었습니다. 나중에 이 사실을 알게 된 쟈가는 아내를 심하게 꾸짖었지만 아내의 태도는 나아지지 않았습니다. 아마 소년이 자신들을 불행하게 만드는 원인 제공자일 거란 예감이 들었기 때문이었을 겁니다.

"아들아, 다음에 또 아내가 괴롭히면 너도 대항하거라."

쟈가는 보쿠토에게 활과 화살을 내어주고 사용법을 가르쳐주었습니다. 며칠 후 보쿠토는 쟈가의 아내가 자신을 괴롭히자 화살로 쏘아 그녀를 죽였습니다. 하지만 쟈가가 아내를 죽인 것에 대해 화를 낼 것이 두려웠죠. 그래서 활과 구운 고기를 가지고 급히 마을로 돌아옵니다. 구운 고기를 맛본 마을 사람들은 쟈가의 집으로 몰려가서 불을 훔쳐 가지고 돌아옵니다.

"아니 이런 배은망덕한 놈이 있나. 내가 그렇게 사랑을 해주었건만 나를 배신하다니!"

활과 불을 빼앗긴 쟈가는 그 후 인간에 대해 증오심을 가지게 되었고, 다시는 구운 고기를 먹지 않겠다고 다짐했습니다.

여자의 직감은 역시 대단하다는 것을 알려주는 신화이긴 하지만, 이야기의 초점은 '불의 주인'과 '훔치기'입니다. 쟈가는 불을 도둑맞은 것도 억울했지만 그것보다 더 억울한 것은 자신이 거두어 보살펴주었던 인간에게 배신을 당한 것입니다. 이 배신의 아픔으로 신은 더 인간을 멀리했을지도 모릅니다.

앞서 살펴봤던 다른 신화와는 달리, 불을 훔친 인간에 대해 증오의 감정을 가지게 된 신을 이야기하는 신화는 문화영웅culture hero이라는 존재를 알려줍니다. 문화영웅이란 인간생활에서 빼놓을 수 없는 기술이나 지식을 맨 처음 가르쳐주고, 제도나 관습을 제정하는 역할을 맡는 신화 속 인물을 말합니다. 때로는 창조신이나 민족의 시조가 문화영웅이 되기도 하죠. 문화영웅은 창조신이나 최고신의 의지를 어기면서 은혜를 베풀기도 합니다. 그야말로 인간을 위해 자신을 희생하는 진정한 영웅인 셈이죠. 소년 보쿠토나 큰까마귀 신은 이런 점에서 문화영웅이라 할 수 있습니다.

인간이 몸속에 불의 씨앗을 숨기고 있었다?

. . .

하지만 동물이 불을 전해주는 신화만 있는 것은 아닙니다. 불은 처음부터 인간의 몸속에 있었고 이것을 발견하여 빼내어 불을 사용했다는, 아주 대담한 내용의 신화도 세계에 꽤 많이 흩어져 있습니다.

남아메리카 가이아나에 사는 와라우족의 신화를 보면 태초에 몸 안에 불을 감추어두고 있었던 사람은 나니요보라는 노파입니다. 그녀는 쌍둥이 형제인 마노나이마와 피아를 양자로 삼아 귀하게 길렀고, 형제는 자라나서 냇가에 나가 물고기를 잡아왔습니다. 그런데 그녀는 아이들이 없는 사이에 입으로 토해낸 불로 물고기를 요리하고는 아이들이 돌아오기 전에 다시 삼켜버려서, 아이들은 자기들이 먹는 물고기가 어떻게 이렇게 맛이 있는지 알지 못했죠.

어느 날 형제 중 하나가 집을 나오는 척하고는 몰래 지붕에 올라가 나니요보가 입에서 불을 꺼내 요리한 후 다시 삼키는 것을 보았습니다. 이 비밀을 알게 된 형제는 나니요보를 죽여 불을 뺏습니다.

이 신화에서 문화영웅은 쌍둥이 형제입니다. 그들은 자신을 길러준 나니요보를 죽이고 몸속에 있던 불을 훔칩니다. 도덕적으로 이 형제는 천인공노할 패륜아들이지만, 인류 입장에서 보자면 문화영웅임에 틀림

없겠죠.

이런 문화영웅의 이야기는, 신에게도 소중한 불을 인간이 손에 넣기 위해서는 어느 정도의 일탈적 행위가 필요하다는 것을 말해줍니다. 주인이 있는 불을 훔치기 위해서는 주인을 없애지 않으면 안 된다는 것까지 말이죠. 그것은 인간의 생각과 행동을 확장하기 위해 필요한 불을 신이 독점하고 있을 때, 그 신을 제거하는 것이야말로 인간이 자신을 넓혀 나가기 위해 필요하다는 점임을 말해줍니다.

인간이 원래 불의 주인이라는 신화에는 거의 여성이 주인공입니다. 간혹 젊은 여성도 나오지만 대부분은 할머니들로 묘사되는 여성이죠. 뉴질랜드 마오리족의 신화에 등장하는 마우이 신은 지하에 살고 있는 할머니 신인 마후이케를 속여 불을 얻어냅니다. 뉴기니아의 신화에도 손가락에 불을 간직하고 있던 할머니를 속인 장수도마뱀이 불을 훔쳐오죠.

이처럼 할머니들이 불의 주인이라는 신화적 상상은 대지의 여신을 떠올리게 합니다. 왜냐하면 인간은 나무를 태워 불을 피울 수 있었기에, 대지에 뿌리를 내리고 있는 나무와 여신의 관계에 불의 비밀이 숨겨져 있을 것이라 생각했기 때문일 겁니다.

불을 지닌 여성, 불을 뺏는 남성

· · ·

무엇보다도 할머니, 즉 여성이 많이 등장하는 이유는 사람들이 '불을 낳다'라는 개념을 떠올렸기 때문이겠죠. 이 세상에 없는 불을 누군가가 처음 낳아서 세상에 선보였다면 그건 여성만이 가능한 일입니다. 그래서 다음과 같은 막장 드라마 신화도 나오게 됩니다.

남아메리카의 가이아나에 사는 아라와쿠족의 신화에는 이 세상이 처음 만들어졌을 때 형 아지제코와 동생 도우이도라는 형제만 살고 있었습니다. 어느 날 그들은 수달로부터 강 밑바닥 수채 속에 한 여자가 살고 있다는 것을 전해 듣게 됩니다. 힘겨운 고생 끝에 동생은 그녀를 땅으로 끌어올려 자신의 아내로 삼았습니다.

동생이 결혼한 후에도 형제는 가까운 곳에서 따로 살고 있었지만, 언제나 음식은 날 것을 먹었습니다. 그런데 동생의 아내만은 과일 이외에는 날 것을 먹지 않았고 항상 혼자서 식사를 하곤 했습니다. 형제는 그녀가 무언가 감추고 있다고 생각은 했지만 그녀는 결코 불의 비밀을 알려주지 않았죠.

세월이 흘러 그녀는 자식을 많이 낳고 할머니가 되었습니다. 어느 날 형은 동생 집에 방문했다가 귀중한 물건이 든 자루를 잊어버리고 놓고 옵니다. 자루를 발견한 동생의 아내는 형의 집에 자루를 가져다주기로 하고는, 자루를 들고 가서 형의 집 조금 떨어진 곳에서 외쳤습니다.

"이봐요. 자루는 여기 두고 갈게요."

하지만 형은 더 가까이 와서 자신에게 건네 달라고 했고, 그녀가 던지겠다고 해도 막무가내로 직접 가져와 달라고 했습니다.

"거기서 던지면 안에 든 물건이 깨지니 내가 있는 곳까지 가져오세요."

할 수 없이 그녀가 형에게 다가가자 그는 그녀를 붙잡고는 불의 비밀을 알려주지 않으면 겁탈을 하겠다고 위협했습니다. 그녀는 도망가려 했지만 실패했고, 결국 불의 비밀을 가르쳐주기로 합니다. 그녀는 양다리를 벌리고 땅에 주저앉아 자신의 배를 잡고 심하게 흔들었습니다. 그러자 산도(産道)로부터 불씨가 굴러 나왔습니다. 하지만 그것은 타지 않는, 우리가 아는 불과는 다른 것이었죠. 그녀가 불을 내주는 과정에서 성질이 변해버린 탓이었습니다. 형은 그 불을 받아들고는 여기에 모든 쓴맛이 나는 나무껍질과 과일, 붉은 후추를 섞어서 오늘날 우리가 사용하는 불을 만들었습니다.

어떤가요? 다른 신화에 비해 어쩐지 요즘 TV에서 욕을 하면서도 본다는 막장 드라마 한 편을 보는 것 같지 않나요. 앞서 우리는 자신을 돌봐준 할머니를 죽이거나 속여서 불을 얻었던 남성들이 문화영웅이 되는 과정을 지켜봤습니다. 참으로 기가 막힌 이야기지만 '신화라는 게 다 그렇지 뭐'라는 마음으로요. 하지만 이제 신화는 막장 드라마의 스토리도 불사합니다.

여기서는 할머니가 된 제수씨를 시아주버니가 겁탈하겠다고 위협해서 불을 빼앗습니다. 이건 훔치기가 아니라 말 그대로 강탈입니다. 그리고 여기서 인간에게 불을 전해주는 강한 자는 남성입니다. 여성이 지닌 불을 남성이 힘으로 빼앗는 것이죠. 왠지 모르게 잔혹한 여성사의 한 면을 보는 것 같아 씁쓸하기도 합니다만, 어디까지나 불의 기원을 다루는 인간 상상력의 결과물로 이해하도록 하죠.

'불을 낳다', 그 위대한 상상력

. . . .

파푸아 뉴우기니의 신화 중 하나에는 고가라는 이름의 노파가 양다리 사이에서 불을 끄집어내 요리를 하고 다시 숨기는 내용이 있습니다. 물론 그녀도 다른 신화처럼 자신이 돌봐주던 남자들에 의해 죽임을 당하고 불을 빼앗깁니다.

불과 여성의 신화는 여성의 양다리 사이, 즉 자궁 속에 불이 들어 있다는 것을 암시합니다. 제수를 위협하여 불을 얻은 이야기에서는 자궁을 통해 불이 나온다는 점을 분명히 말해줍니다. 결국 불을 꺼내는 것은 아이를 낳는 과정과 같은 것이죠. 다시 말해 불은 생명을 세상에 내보내는 행위와 다름이 없고, 그러므로 생산과 창조의 기원과 같다는 의미입니다. 생명체가 세상 밖으로 나오는 것이야말로 가장 위대한 창조의 과정이니까요.

이처럼 무엇인가를 생산하고 창조하는 자가 불도 만들어냈을 것이라는, 단순 명쾌한 개념을 인류는 아주 오랜 옛날부터 지니고 있었습니다. 그렇다면 그건 여신이어야 하겠죠. 남성으로 대표되는 태양신이 아닌, 유일신 이전에 세상에서 가장 위대한 신으로 숭배되었던 땅의 여신, 즉 대지모신大地母神이 바로 그 주인공입니다.

마우이 신화를 보면 마후이케는 지하에 살고 있습니다. 수채에서 올라온 아내도 땅 위가 아닌 아래에서 살고 있죠. '불의 주인이 어디에서 살고 있었는가?'가 바로 대지모신의 힌트입니다. 게다가 그들은 인간에게 먹을 것을 제공합니다. 수렵과 채집, 농경의 시대에 인간에게 먹을 것을 제공했던 곳은 땅입니다. 땅은 과실을, 곡물을, 그리고 그것을 기반으로 살아가는 동물을 인간에게 먹거리로 제공해주었으니까요. 그래서 대지모신인 할머니들은 문화영웅에게 음식을 제공하는 역할로 등장합니다. 정말 음식을 만들어 자식들을 먹이는 어머니 신의 모습 그 자체네요.

생각해보면 인간은 대지에 돌려주는 것은 없으면서 대지로부터 많은 것을 강탈하듯이 손에 넣습니다. 대지는 모든 것을 인간에게 허용하면서 아무런 대가를 바라지 않습니다. 다만 생명이 있는 것은 대지로 다시 돌아가야 하는 운명을 지니고 있습니다. 그러니 대지는 낳은 자이면서 거두는 자이기도 합니다. 어머니가 자식에게 모든 것을 웃으며 내어주는 것처럼, 대지도 인간이 필요하다고 하면 모든 것을 내어줍니다. 심지어 인간이 무리한 요구를 하고 빼앗듯이 가져간다고 해도 말이죠. 대지모신은 이런 어머니의 성격을 상징하는 신입니다.

그래서일까요? 남성신, 즉 아버지 신이 가지고 있던 불을 빼앗으면 벌을 받습니다. 프로메테우스의 이야기가 대표적입니다. 하지만 어머니 신은 불을 빼앗겨도 인간에게 벌을 주지는 않습니다. 자신에게도 소중한 것이었지만 그것이 자식들에게도 소중한 것이었다면 다소의 거부감은 있을지라도, 일단 불이 인간에게 전해졌다면 그걸로 이야기는 끝이 납니다. 이런 신화에서 문화영웅은 벌을 받지 않습니다.

불이 여성성, 즉 대지모신으로부터 온 것이라는 생각은 나무의 마찰로 불을 얻는다는 현실적 이미지와도 잘 맞습니다. 나무는 뿌리를 땅에 내려 양분을 받아들여 자라나고, 그 과실을 인간에게 줍니다. 이런 까닭에 나무도 마찬가지로 어머니의 속성을 지녔습니다. 그런데 불은 이 나무를 마찰하는 과정이나 번개를 맞은 나무로부터 얻어집니다. 나무가 없다면 불은 존재하지 않는 셈이었죠.

여성성이 나무의 기원이 된 것은 나무를 마찰하는 행위가 인간의 성행위와 유사했기 때문이라는 해석도 있습니다. 성행위를 통해 생명이 잉태되어 여성의 몸을 통해 세상에 나오듯이, 마찰을 통해 발생하는 불도 결국 여성 대지모신의 몸 안에 있다가 세상에 나왔으리라고 연상을 한 것입니다.

불과 농작물의 시작은 같다

. . .

불의 기원 신화에 여성이 등장하는 것과 유사한 기원 신화가 또 있습니다. 바로 농작물곡물의 기원 신화입니다. 쌀, 보리, 옥수수 등은 인간이 경작하여 식량을 확보할 수 있는 대상이죠. 불이 소중한 것처럼 이 농작물도 무척 소중합니다.

사람이 살아가는 데 가장 중요한 것이 무엇일까요? 답은 아주 쉽습니다. 만일 여러분이 무인도에 혼자 있게 되면 가장 먼저 무엇을 할 것인가를 떠올려보세요. '휴대폰으로 전화를 건다'는 재미있는 답도 가능하겠지만, '먹거리를 찾는다'가 정답일 겁니다.

인간에게 먹거리는 매우 중요한 문제입니다. 오랫동안 수렵과 채집으로 먹거리를 확보해오던 인간에게 골칫거리는 안정적 식량 공급이 되지 않는다는 것이었죠. 그리고 이 문제는 농작물의 경작을 통해 해결되었고, 덕분에 인구가 증가하고 도시가 형성되었죠. 아마도 인간이 인간답게 사는 기반이 되는 문명과 문화를 발전시킨 것은 농작물이 없었다면 불가능했을지도 모릅니다. 그러니 자연스럽게 농작물의 기원에 대한 신화도 탄생하게 됩니다. 적도 부근 세람 섬의 서부에 사는 베말레 족들의 신화는 신화학자들 사이에 대단히 중요한 연구 자료로 여겨지고 있습니다. 잠깐 살펴볼까요.

아메타라는 남자가 어느 날 사냥을 나갔다가 사냥개에 쫓겨 연못에 빠져 죽은 산돼지를 건져냈습니다. 산돼지의 어금니에는 지금까지 세상에는 없었던 야자나무 씨가 들어 있었죠. 아메타는 이 씨를 뱀 모양의 문양이 있는 베에 곱게 싸서 집으로 가져옵니다. 그날 밤 아메타의 꿈에 한 남자가 나타나 그 야자 씨를 심으라고 합니다. 아메타가 이튿날 씨를 땅에 심고 6일이 지나자 야자나무에서 꽃이 피었습니다. 아메타는 꽃을 꺾어 술을 담으려고 하다가 손가락을 베었는데 그만 그 피가 야자 꽃에 몇 방울 떨어졌습니다.

그런데 이게 웬일일까요. 3일 후에 나무로 가보니, 피가 꽃잎의 즙과 섞이어 소녀 하나가 꽃처럼 태어난 것이 아니겠습니까. 아메타는 그녀를 집으로 데려온 후 야자나무 가지라는 의미로 '하이누벨레'라는 이름을 붙여주었습니다. 하이누벨레는 평범한 인간은 아니었습니다. 집에 데려온 지 3일이 지나자 결혼을 해도 좋을 만큼 성숙한 처녀로 성장하였고, 그녀의 배설물은 중국제 그릇이나 동라와 같은 귀중한 물건으로 변했습니다. 그녀 덕에 아메타는 큰 부자가 되었죠.

그러던 어느 날 마을에 아주 큰 무도회가 열렸습니다. 하이누벨레는 매일 밤 무도회에 가서 시리와 피낭을 남자들에게 나누어 주었고, 마지막 날 밤에도 그녀는 시리를 주려고 광장의 중앙으로 걸어나갔습니다. 그런데 남자들은 광장에 깊은 구덩이를 파놓고는, 빙글빙글 도는 춤이 계속되는 사이에 하이누벨레를 그 구덩이에 밀어 넣었습니다. 그녀는 고함을 질렀지만 노래 소리에 막혀 누구도 그녀의 소리를 듣지 못했고, 사람들은 구덩이를 흙으로 덮으면서 계속 춤을 추었습니다.

딸이 남자들에게 죽임을 당한 것을 안 아메타는 야자수 잎의 줄기 아홉 개를 가지고 광장으로 가서 줄기로 땅을 쑤셔보았습니다. 그러자 마지막 줄기에서 하이누벨레의 머리카락과 피가 묻어나왔습니다. 그는 딸의 시체를 파내어 잘게 잘라 광장 여기저기에 묻었습니다. 그런데 이때 땅에 묻은 하이누벨레의 신체 각 부분은 당시까지는 존재하지 않았던 여러 가지 식용식물로 변합니다. 특히 토란이나 참마와 같은 식물로 변모했기 때문에 이후 인간은 이것을 먹고 살아갈 수 있었습니다.

하이누벨레형 vs 프로메테우스형

• • •

하이누벨레 신화는 신화학에서는 대단히 많은 의미를 지닌 신화로도 유명합니다. 독일 민족학자인 옌젠A. E. Jensen은 참마, 토란, 바나나, 야자와 같은 작물 재배가 가장 오래된 재배 문화의 형태라고 보고, 살해된 여신의 시체로부터 이 작물들이 나왔다고 하는 신화 유형을 '하이누벨레형 신화'라고 불렀습니다. 이와 대조되는 것은 신으로부터 불을 전해 받는 '프로메테우스형 신화'라고 할 수 있습니다.

하이누벨레형 신화에서 남성들은 한 여성을 살해합니다. 그 여성의 시신은 그때까지는 없던 식량의 기원이 되어 이후 인간들이 이 덕분에 먹거리를 확보하여 생활할 수 있게 해줍니다. 그런데 여성의 몸으로부터 가장 소중한 것을 약탈한다는 것은 불의 기원과의 유사성을 말해줍니다. 그렇다면 이것도 불처럼 어머니인 대지가 인간에게 자신의 소중한 것을 내어주는 의미로 해석할 수 있습니다. 어머니 대지는 자신을 죽인 인간들을 탓하기는커녕 인간이 가장 필요로 하는 먹거리를 내어줍니다.

이 어머니 대지의 아름다운 희생을 극단적으로 말해주는 신화가 있습니다. 아메리카 인디언들 사이에 내려오는 옥수수의 기원에 대한 이야기입니다. 인디언 세계의 조물주인 크로스쿠베는 물거품 속에서 태어난 한 젊은이와 함께 세상의 삼라만상을 창조합니다. 그런데 창조 작업이 거의 끝나갈 무렵 예쁜 소녀가 그를 찾아옵니다. 그녀는 신성한 땅에서 자라는 식물의 이슬과 온기에 의해 태어났고, 사람과 동물들에게 힘을 주고 자양분을 공급하며 보살피는 역할을 하였죠. 얼마 후 물거품에서 태어난 젊은이는 그 소녀와 결혼하여, 그녀는 최초의 어머니가 됩니다. 그런데 세월이 흘러 사람들의 숫자가 늘어나자 사냥감이 줄어들면서 굶주림이 닥쳐왔습니다. 그녀는 아이들이 배고픔에 시달리자 남편에게 이렇게 부탁했습니다.

"당신이 나를 죽인 후, 우리 두 아들에게 내 머리채를 잡고 땅 위를 끌고 다니라고 하세요. 내 살이 다 떨어져 나갈 때까지 땅 위를 계속 왔다 갔다 해야 합니다. 그 후 내 살점이 다 뜯겨나가면 뼈를 모아 땅 한가운데 묻으라고 하세요."

남편은 아무리 사랑하는 아내의 부탁이라 해도 이런 부탁을 들어줄 수는 없었습니다. 하지만 굶주림이 더 심각해지자 어쩔 수 없이 아내를 죽이고는 아들들에게 시체를 이리저리 끌고 다니게 했습니다. 아들들은 어머니의 남은 뼈를 모아 땅에 묻은 다음 통곡을 하며 집으로 돌아왔습니다.

그로부터 일곱 달이 지나 남편은 아들들을 데리고 뼈를 묻은 곳으로 가보았습니다. 놀랍게도 그곳은 푸른 술이 달린 키가 큰 나무들로 뒤덮여 있었습니다. 바로 옥수수였던 거죠. 어머니가 자기 몸을 희생하여 옥수수를 자식들의 손에 전해준 것이었습니다. 그리고 그녀의 뼈가 묻힌

곳에는 또 다른 나무가 자라고 있었는데 잎이 넓고 향기가 좋았습니다. 그것은 어머니가 자기 입김과 뼈로 만든 담배나무였습니다.

어떻습니까, 자식들의 굶주린 모습을 차마 볼 수 없어 그들에게 안정된 식량을 만들어주기 위해 희생하는 어머니 신의 모습이 그려지지 않나요? 하이누벨레가 일방적으로 죽임을 당하는 것과 달리, 옥수수를 준 어머니는 스스로 죽음을 선택합니다. 하지만 그 방식의 차이에도 불구하고 여성성의 대표인 어머니 대지가 인간에게 먹거리를 전해주는 이야기라는 점에서는 공통점이 있습니다.

불을 지닌 나니요보라는 노파의 신화를 다시 한 번 떠올려주세요. 나니요보는 죽임을 당하고 불을 뺏깁니다. 즉 불은 노파의 죽음으로 인해 인간의 손에 들어옵니다. 이렇게 생각하면 불도 여성의 죽음으로 먹거리를 얻는 것과 똑같은 '하이누벨레형 신화'에 속한다는 것을 알 수 있습니다.

여성은 먹거리를 경작하고, 수확하고, 요리하기 위해 불을 다룹니다. 그러니 먹거리와 불은 남성보다는 여성과 더 가까울 수밖에 없겠죠. 아마 불의 기원과 인간의 주요 먹거리였던 농작물의 기원이 유사한 형태를 갖는 것은, 사회적 성역할의 반영이라고도 볼 수 있습니다. 여기서 중요한 점은 남성이 가지지 못한 창조적 신체를 지닌 여성이, 인간에게 소중한 것들을 만들어낸다는 여신숭배사상의 영향이라는 것입니다.

불장난과 신화, 왠지 모를 이 찜찜함

. . .

불장난으로 시작해 신화를 따라 오다보니 뭔가 모를 찜찜함이 남습니다. 그렇지 않은가요? 소중한 불을 손에 넣어 많은 것을 이룬 우리 인간. 그런데 신화 속의 이야기를 읽다보면 왠지 죄악감 비슷한 기분이 드는 건 왜일까요?

생각해보면 이런 기분은 어렸을 때 부모님 눈을 피해 불장난을 했을 때의 기분을 떠올리게 해줍니다. 내 것이 아닌 불, 나에게는 아직 허용되지 않은 불을 손에 넣었을 때의 기분 말이죠. 그러고 보니 불장난으로 아이들이 특별한 뭔가의 재미와 즐거움을 느끼는 것은 아닙니다. 고작해야 무언가를 태우는 재미 정도일 뿐입니다. 간혹 짓궂은 남자아이들이 개미나 거미 같은 곤충을 괴롭히기도 하지만요. 그저 불이 타오르는 것을 바라보는 것, 아니 불을 자신이 통제하고 있다는 사실이 아이들에게는 가장 큰 쾌감일 겁니다.

불을 가진 자에게서 불을 훔치고, 이를 위해 죽임도 서슴지 않는 신화 속 인간의 모습은 자신의 이익을 위해서는 물불을 가리지 않는 우리 모습을 보는 듯도 합니다. 이 모든 것은 '인간의 편의와 복지를 위해서'라는 대의명분으로 이루어집니다.

엄청난 면적의 아마존 열대림이 매년 사라지고 있다고 합니다. 도로를 만들고, 돈이 되는 경작물을 재배하고, 건물을 짓기 위해 나무들이 불태워집니다. 도시 개발로 우리 주변의 나무와 산들도 사라집니다. 이들을 사라지게 만드는 것은 불로 용해된 쇠로 만들어진 기계들입니다. 모든 것을 아무 대가도 없이 내주었던 대지는 어머니 신으로 숭배를 받았지만, 이제는 인간이 약탈을 하기 위해 이용하는 그저 물상적인 대상으로 객관화되어 존재할 뿐입니다. 그 어머니에게 우리는 가격을 붙여서 가치를 측정합니다.

어쩌면 대지모신은 불을 빼앗기는 상황에서 인간에게 적어도 한마디 정도의 충고는 해야 하지 않았냐는 생각이 듭니다. '그 불을 누가 주었는가를 잊지 말아라'라고요. 대장장이가 만들어준 귀중한 칼로 그 칼을 만든 대장장이를 찔러 죽이는 우를 범하지는 말라고요. 그리고 프로메테우스도 한마디 했어야 된다고 봅니다. '불을 지닌 자, 모두가 신이 될 수는 없다. 너희는 다른 동물보다는 약간은 나은 능력을 지니게 된 것이지, 신의 능력을 부여받은 것은 아니다. 모든 것을 소멸시킬 수 있는 불을 가졌다고 신처럼 굴지 말아라'라고 말이죠.

그래서 불장난의 짧은 쾌락 뒤에는 긴 불편함이 남습니다. 우리의 깊은 마음속에서 들려오는 신들의 외침이 할머니의 말씀으로 되새겨지기 때문입니다.

"나로부터 훔친 그 불을 진정 너희는 제대로 사용하고 있느냐?"

신화 관련 주요 참고문헌(출간년도 순)

- <우리 속에 있는 여신들>, 진 시노다 볼린 지음, 조주현, 조명덕 옮김, 또 하나의 문화, 1992
- <그림으로 보는 황금가지>, J.J. 프레이저 지음, 이경덕 옮김, 까치글방, 1995
- <세계의 유사 신화>, J.F.비얼레인 지음, 현준만 옮김, 세종서적, 1996
- <변신이야기 1, 2>, 오비디우스 지음, 이윤기 옮김, 민음사, 1998
- <아즈텍과 마야 신화>, 칼 토베 지음, 이응균, 천경효 옮김, 범우사, 1998
- <이윤기의 그리스 로마 신화>, 이윤기, 웅진닷컴, 2000
- <켈트 북구의 신들>, 다케루베 노부아키 외 지음, 박수정 옮김, 들녘, 2000
- <신화 속의 여성, 여성 속의 신화>, 장영란 지음, 문예출판사, 2001
- <세계 신화 이야기>, 세르기우스 골로빈 외 지음, 이기숙, 김이섭 옮김, 까치글방, 2001
- <신화, 인류최고의 철학>, 나카자와 신이치 지음, 김옥희 옮김, 동아시아, 2002
- <신화의 미로 찾기 1, 2>, 스티븐 L. 해리스, 글로리아 플래츠너 지음, 이영순 옮김, 동인, 2002
- <곰에서 왕으로>, 나카자와 신이치 지음, 김옥희 옮김, 동아시아, 2003
- <세계 신화 속의 여성들>, 김화경 지음, 도원미디어, 2003
- <살아있는 우리 신화>, 신동흔 지음, 한겨레출판, 2004
- <이야기 동양 신화 1, 2>, 정재서 지음, 황금부엉이, 2004
- <창조신화>, 필립 프러드 지음, 김문호 옮김, 정신세계사, 2005
- <우리 신화의 수수께끼>, 조현설 지음, 한겨레출판, 2006
- <동유럽 신화>, 권혁재 외 지음, 한국외국어대학출판부, 2008
- <신화와 과학이 만나다 1, 2>, 이인식 지음, 생각의 나무, 2010
- <곰과 인간의 역사>, 베른트 브루너 지음, 김보경 옮김, 생각의 나무, 2010
- <세계의 신화 전설>, 요시다 아츠히코 지음, 하선미 옮김, 혜원출판사, 2012
- <삼국유사>, 일연 지음, 이민수 옮김, 을유문화사, 2013
- <日本の神話>, 小島よしゆき 지음, 筑摩書房, 1983.
- <蛇と十字架>, 安田喜憲 지음, 人文書院, 1994.

초판
한정

토이키노 장난감 박물관
입장료 50% 할인권

개관시간 AM10:00 - PM06:00(연중무휴/공휴일 정상 운영)
장소 서울 중구 정동 22 경향아트힐 2층
문의 02-722-2690

• 이 티켓은 토이키노 장난감 박물관의 특별 할인권입니다. • 티켓 한 장당 2인의 할인이 가능합니다.(50퍼센트 할인) • 이 티켓은 입장 시 회수하며, 판매나 복제를 금합니다.

장난감 박물관 토이키노(www.toykino.com)

2005년 국내 최초의 장난감 박물관으로 개관한 토이키노(TOYKINO)는
장난감의 토이(TOY)와 영화관의 독일어 키노(KINO)의 합성어로,
300평 규모의 전시장에 전 세계 각국에서 30년간 수집한
장난감과 피규어 약 4만점을 만나볼 수 있는 국내 최대 규모의
장난감 박물관입니다.